Docencia digital de la formación profesional. SSCE31

Isabel María Márquez Pérez

ic editorial

Docencia digital de la formación profesional. SSCE31

1ª Edición

Editado por: IC Editorial
c/ Cueva de Viera, 2, Local 3
Centro Negocios CADI
29200 Antequera (Málaga)
Teléfono: 952 70 60 04
Fax: 952 84 55 03
Correo electrónico: iceditorial@iceditorial.com
Internet: www.iceditorial.com

ISBN: 978-84-1184-647-9
Depósito Legal: MA 352-2025

Impresión: PODiPrint
Impreso en Andalucía - España

Nota de la editorial: IC Editorial pertenece a Innovación y Cualificación S. L.

Especialidad formativa

Se entiende por especialidad formativa la agrupación de contenidos, competencias profesionales y especificaciones técnicas que responde a un conjunto de actividades de trabajo enmarcadas en una fase del proceso de producción y con funciones afines.

Las especialidades formativas de Uso General, Formación Complementaria, Formación Modular y las especialidades formativas dirigidas a la obtención de certificados de profesionalidad se incluyen en el Fichero de Especialidades del Servicio Público de Empleo Estatal para su gestión en todo el territorio nacional por cualquier Administración competente.

Las especialidades complementarias, pertenecen todas a la Familia profesional de Formación Complementaria (FCO) y tienen la consideración de formación transversal en áreas que se consideran prioritarias tanto en el marco de la Estrategia Europea para el Empleo y del Sistema Nacional de Empleo como en las directrices establecidas por la Unión Europea. Se consideran áreas prioritarias las relativas a tecnologías de la información y la comunicación, la prevención de riesgos laborales, la sensibilización en medio ambiente, la promoción de la igualdad, la orientación profesional y aquellas otras que se establezcan por la Administración competente.

Las especialidades de Certificado de profesionalidad tienen una duración especificada en su normativa reguladora.

En el resultado de la búsqueda, se muestran las unidades de competencia, todos los módulos formativos con su duración y las unidades formativas del certificado correspondiente, con su duración. Las horas del certificado, exclusivo de las especialidades de certificado de profesionalidad, con alta igual o superior a 2008, son las horas totales más las horas del módulo de Prácticas Profesionales no Laborales.

- **Si la especialidad tiene unidades formativas,** las horas totales, presencial, distancia, teleformación serán igual a la suma de esas horas de las unidades formativas de los distintos módulos, sin que se repita ninguna Unidad formativa.

- **Si la especialidad no tiene unidades formativas,** las horas totales, presencial, distancia, teleformación serán igual a las sumas de esas horas de los módulos formativos, eliminando las horas de los módulos repetidos.

https://sede.sepe.gob.es/especialidadesformativas/RXBuscadorEFRED/BusquedaEspecialidades.do

(Fuente: Servicio Público de Empleo Estatal)

Índice

OBJETIVOS GENERALES

Los objetivos generales del **SSCE31. Docencia digital de la formación profesional,** son los siguientes:

- Adquirir los conocimientos, habilidades y actitudes necesarios para diseñar, adaptar e impartir acciones formativas en modalidades de teleformación o fórmulas mixtas de aprendizaje, utilizando diferentes entornos de formación virtual y herramientas digitales de gestión de información, creación de contenido, comunicación y evaluación, fomentando dinámicas de aprendizaje social y colaborativo.
- Identificar el contexto digital de la formación profesional y los nuevos entornos de aprendizaje, así como desarrollar planes de innovación educativa adaptados al sector de la formación profesional.
- Diseñar actividades didácticas digitales desarrollando el proceso de diseño instruccional, así como identificar las estrategias de aprendizaje y tipos de actividades para desarrollarlas.
- Diseñar actividades de aprendizaje en entornos digitales y espacios virtuales de aprendizaje, así como identificar las aplicaciones de las redes sociales en el sector de la formación profesional y aplicarlo en un plan de comunicación didáctico.
- Utilizar los entornos virtuales de aprendizaje, aplicando herramientas de creación de contenidos digitales y sistemas de gestión de aprendizaje.
- Identificar las herramientas y recursos digitales, tales como la gamificación, uso de simuladores, realidad aumentada y realidad virtual, así como su aplicación en el sector de la formación profesional.
- Evaluar por competencias y aplicar el proceso en el sistema de evaluación *online* de formación profesional a través de diferentes herramientas de evaluación, valorando la importancia de las prácticas profesionales en el desempeño laboral.

Unidad de aprendizaje 1

Transformación Digital en la Formación Profesional

Contenido

1. Introducción
2. Introducción a la transformación digital en la formación profesional
3. Contextualización digital en la formación profesional y nuevos entornos de aprendizaje
4. Especificaciones de la innovación educativa en centros de formación profesional
5. Introducción a la tecnología digítal en la formación profesional
6. Resumen

Objetivos

El objetivo general de esta Unidad de Aprendizaje es:

→ Identificar el contexto digital de la formación profesional y los nuevos entornos de aprendizaje, así como desarrollar planes de innovación educativa adaptados al sector de la formación profesional.

Los objetivos específicos de esta Unidad de Aprendizaje son:

→ Identificar la transformación digital dentro de la formación profesional.

→ Contextualizar los nuevos entornos de aprendizaje y las herramientas digitales dentro de la formación profesional.

→ Reconocer las especificaciones de innovación educativa para los centros de formación profesional.

→ Seleccionar los modelos de aprendizaje más apropiados para casos concretos.

→ Aplicar las TIC a los posibles entornos laborales.

1. Introducción

Los cambios vinculados a la transformación digital son una realidad que avanza con un crecimiento exponencial. Dentro del mundo empresarial las nuevas herramientas han cambiado sustancialmente, no solo la forma de relacionarnos y comunicarnos, sino los productos y servicios ofrecidos, llegando incluso a la creación de nuevos puestos de trabajo y cambiando sustancialmente los ya existentes.

Es por ello por lo que desde la formación profesional actual se deben adaptar los conocimientos, habilidades y capacidades a los nuevos entornos, creando nuevos entornos de aprendizaje que estén íntimamente relacionados con los cambios que se producen en la sociedad y en el sector laboral.

A lo largo del desarrollo de esta unidad se trabajará con el caso de Laura, que acaba de terminar sus estudios y quiere dedicar su carrera profesional a la enseñanza en formación profesional, a través de su experiencia nos centraremos en introducir una serie de aspectos básicos con respecto a la transformación digital, las indicaciones y el sentido que marca la normativa vigente, además de ver, *grosso modo,* las características básicas de los nuevos entornos de aprendizaje, de los que se hablará con más detenimiento en capítulos posteriores.

2. Introducción a la transformación digital en la formación profesional

 **HILO CONDUCTOR**

Laura acaba de finalizar sus estudios de grado en Administración y Dirección de Empresas, aunque su verdadera vocación siempre ha sido la de dedicarse a la docencia, por lo que decide formarse como Formadora de Educación Profesional. Para empezar, decide actualizarse renovando sus conocimientos en competencias digitales, ya que sabe que es un elemento en continua transformación y sobre el que se producen avances continuos.

La **Transformación Digital en la Formación Profesional** comprende un cambio en los procesos educativos para integrar las tecnologías digitales, lo que supone el cambio en los métodos de enseñanza, en los procesos, en la organización y en la planificación de los procesos de enseñanza aprendizaje.

Para indagar en el proceso de transformación digital en el ámbito educativo de la formación profesional será necesario desgranar las características del mercado laboral actual, así como la normativa vigente en torno a la formación profesional en España y el contexto europeo.

2.1. El mercado laboral global actual

Para realizar una aproximación a la realidad del mercado de trabajo en España nos basaremos en los datos publicados por el Servicio Público de Empleo Estatal en la publicación Tendencias del Mercado de Trabajo en España 2024, realizada por el Observatorio de las Ocupaciones, organismo dependiente del Ministerio de Trabajo y Economía Social.

Estos informes se realizan anualmente por un grupo de colaboradores expertos e informantes clave, en ellos se analizan las diferentes variables macroeconómicas que pueden condicionar el comportamiento del mercado laboral, aportando una base para la predicción de posibles cambios e innovaciones en el sistema productivo, así como las futuras necesidades en las ocupaciones y actividades de producción.

La evolución de la tendencia del mercado de trabajo para el año 2024 se destacó un mantenimiento del crecimiento económico, en parte gracias a la bajada de los tipos de interés y la moderación de la inflación. La economía española creación gracias al aumento de la competitividad de las exportaciones, así como a la mejora del turismo internacional, sectores que influyeron en el descenso de la tasa de paro y en especial del paro de larga duración, además se produjo el aumento del incremento de la población activa y del número de afiliaciones a la Seguridad Social, así como continúa la tendencia a la reducción de la temporalidad en el empleo. Estas circunstancias se han visto favorablemente influidas por el aumento del consumo privado, la aportación de los fondos europeos para la recuperación y los proyectos estratégicos para la recuperación y transformación económica (PERTE).

Como contrapartida, el informe ofrece también una serie de factores de análisis que pueden producir consecuencias desfavorables en el mercado laboral como son la contracción de la inversión y el alto nivel de endeudamiento público, la inestabilidad en la economía global, debida en gran medida a las guerra y cambios geopolíticos que se están produciendo, en encarecimiento de las materias primas y bajos niveles de productividad, aun con un aumento de las horas trabajadas, además de la escasez de empleo cualificado y la fuga de talento, sobre todo de personas jóvenes con alto nivel de cualificación.

PARA SABER MÁS

Para conocer en más profundidad los detalles del informe puede acceder escaneando el siguiente código QR:

https://redirectoronline.com/ssce310111

Además puedes consultar la reforma laboral vigente desde aquí:

https://redirectoronline.com/ssce310112

En base a este informe se establecen una serie de actividades económicas con mejores perspectivas de crecimiento, que se desglosan según su clasificación en la CNAE:

Tabla 2. Secciones de actividad y Actividades económicas con mejores perspectivas

Sección de actividad	CNAE
C. Industria manufacturera	10. Industria de la alimentación
	20. Industria química
	23. Fabricación de otros productos minerales no metalices
	25. Fabricación de productos metálicos, excepto maquinaria y equipo
	28. Fabricación de maquinaria y equipo n.c.o.p.
	33. Reparación e instalación de maquinaria y equipo
E. Suministro de agua. actividades de saneamiento, gestión de residuos y descontaminación	38. Recogida, tratamiento y eliminación de residuos: valorización
F. Construcción	41. Construcción de edificios
	43. Actividades de construcción especializada
G Comercio al por mayor y al por menor; reparación de vehículos de motor y motocicletas	45. Venta y reparación de vehículos de motor y motocicletas
	46. Comercio al por mayor e intermediarios del comercio, excepto de vehículos de motor y motocicletas
	47. Comercio al por menor, excepto de vehículos de motor y motocicletas
H. Transporte y almacenamiento	49. Transporte terrestre y por tubería
	52. Almacenamiento y actividades anexas al transporte
I. Hostelería	55. Servicios de alojamiento
	56. Servicios de comidas y bebidas
J. Información y comunicaciones	62. Programación, consultoría y otras actividades relacionadas con la informática
L. Actividades inmobiliarias	68. Actividades inmobilarias

Tabla 2. Secciones de actividad y Actividades económicas con mejores perspectivas

Sección de actividad	CNAE
M. Actividades profesionales, científicas y técnicas	69. Actividades jurídicas y de contabilidad
	70. Actividades de las sedes centrales;actividades de consultoría de gestión empresarial
	71. Servicios técnicos de arquitectura e ingeniería; ensayos y análisis técnicos
	72. Investigación y desarrollo
	73. Publicidad y estudios de mercado
	74. Otras actividades profesionales. científicas y técnicas
N. Actividades administrativas y servicios auxiliares	78. Actividades relacionadas con el empleo
	80. Actividades de seguridad e investigación
	81. Servicios a edifcios y actividades de jardinería
	82. Actividades administrativas de oficina y otras actividades auxiliares a las empresas
P. Educación	85. Educación
Q. Actividades sanitarias y de servicios sociales	86. Actividades sanitarias
	87. Asistencia en establecimientos residenciales
	88. Actividades de servicios sociales sin alojamiento
R. Actividades artísticas, recreativas y de entretenimiento	93. Actividades deportivas, recreativas y de entretenimiento
S. Otros servicios	94. Actividades asociativas
	96. Otros servicios personales

Fuente: Elaborado por el Observatorio de las Ocupaciones del SEPE. Año 2024.

Tras el análisis de las tendencias del mercado laboral se destacan una serie de necesidades formativas, que se considerarán clave para el desarrollo de las tendencias del mercado laboral, como son las siguientes:

- Necesidad de ajuste entre la demanda y la oferta de empleo.
- Potenciación de los servicios de orientación e intermediación laboral y aumento de la investigación en necesidades formativas clave.

- Necesidad de potenciar la Formación Profesional, sobre todo la de grado medio, así como la mejora de la conexión entre las universidades y las empresas.
- Dotar de impulso a las microcredenciales.
- Mejora de la formación DUAL, formación en consonancia con el empleo, y necesidad de eliminar las barreras que la dificultan en las PYMES y MircoPYMES.
- Mejorar las competencias digitales en un elevado número de ocupaciones así como necesidad de transformación y adaptación a las Inteligencia Artificial. Carencia de profesiones STEM.
- Mejoras en la implementación de las competencias transversales derivadas de la transición verde, economía circular y sostenible.
- Necesidad de implementación de mejoras en las competencias personales, sobre todo las relacionadas con el liderazgo y el trabajo en equipo, habilidades sociales y de comunicación.
- Necesidad de implementación de mejoras en las necesidades formativas generadas por el relevo generacional.

ACTIVIDAD COMPLEMENTARIA

1. Realiza la búsqueda de al menos una profesión emergente y destaca las competencias digitales que conlleva.

2.2. Normativa actual que enmarca la formación profesional en España

Actualmente, el sistema de Formación Profesional en España está reglado por la Ley Orgánica de Ordenación e Integración de la Formación Profesional, de 23 de marzo de 2022. Esta Ley tiene por objeto la constitución e integración de un sistema único de formación profesional. El objeto y finalidad de esta ley se plasma en el documento publicado como:

> *1. Esta ley tiene por objeto la constitución y ordenación de un sistema único e integrado de formación profesional.*
>
> *2. La finalidad de la norma es regular un régimen de formación y acompañamiento profesionales que, sirviendo al fortalecimiento, la competitividad y la sostenibilidad de la economía española, sea capaz de responder con flexibilidad*

a los intereses, las expectativas y las aspiraciones de cualificación profesional de las personas a lo largo de su vida y a las competencias demandadas por las nuevas necesidades productivas y sectoriales tanto para el aumento de la productividad como para la generación de empleo.

3. Cuantas medidas y acciones se programen y desarrollen en el marco del Sistema de Formación Profesional deberán responder a la finalidad a la que este sirve, con la flexibilidad que exige la generación de itinerarios formativos y profesionales versátiles.

PARA SABER MÁS

Puedes consultar la Ley Orgánica de Ordenación e Integración de la Formación Profesional, de 23 de marzo de 2022 accediendo desde aquí:

https://redirectoronline.com/ssce310101

Los **principios generales** de dicho marco normativo son los siguientes:

- ***El Sistema de Formación Profesional se desarrolla conforme a los siguientes principios:***
  - Desarrollo personal y profesional de la persona
  - Satisfacción de necesidades formativas
  - Promoción y formación profesional en el trabajo
  - Garantías a todas las personas
  - Flexibilidad y modularidad
  - Permeabilidad
  - Participación
  - Centralidad en la persona
  - Transparencia
  - Eliminación de estereotipos
  - Orientación profesional
  - Actualización permanente

- Innovación
- Reconocimiento y acreditación
- Convergencia
- Calidad, eficacia y eficiencia
- Planificación
- Suficiencia y adaptación

- *La Administración General del Estado y las administraciones autonómicas deberán cooperar, en el ámbito de sus competencias, en la definición, aplicación y evaluación de las políticas en materia de formación profesional para la promoción del desarrollo económico y social y la adecuación de las acciones formativas a las necesidades y proyectos estratégicos territoriales. Asimismo, las administraciones locales cooperarán en el ámbito de sus competencias.*

2.3. Marco Europeo de la Competencia Digital Docente

El **Marco Europeo de Competencia Digital (DigiComp)** nace con el objetivo de dotar a la ciudadanía europea de las competencias necesarias para utilizar las tecnologías digitales de forma crítica y creativa, proporcionando herramientas a las personas para comprender lo que significa ser competente digitalmente y evaluar y desarrollar aún más su propia competencia digital.

El objetivo del Marco Europeo de la Competencia Digital Docente (DigiCompEdu) se centra en reflexionar sobre los instrumentos existentes para la competencia digital de educadores y sintetizarlos en un modelo coherente que permita que los educadores de los diferentes niveles educativos puedan evaluar y desarrollar su competencia digital pedagógica de manera integral.

Por supuesto, desde el Marco Europeo se otorga el protagonismo en la realización de las acciones y el desarrollo de los planes a los Estados miembros, no obstante, el marco se centra en proporcionar una base común, que supone un valor añadido en los siguientes aspectos:

- Proporcionar una base sólida que pueda guiar las diferentes políticas educativas en los distintos niveles.

- Constituir un modelo que permita el desarrollo de instrumentos concretos adaptados a las necesidades específicas.

- El uso de un lenguaje y una lógica comunes que pueden ayudar al debate e intercambio de las diferentes prácticas en los diferentes países Estados miembros.

- Proporcionar un punto de referencia para la validación de los diferentes enfoques, estrategias y herramientas creadas.

Las **6 áreas del marco** DigiCompEdu están centradas en base a las actividades profesionales de los educadores, siendo las siguientes:

- **Área 1:**
    - **Compromiso profesional:** uso de las tecnologías digitales para la comunicación, colaboración y el desarrollo profesional.
- **Área 2:**
    - **Contenidos digitales:** búsqueda, creación e intercambio de contenidos digitales.
- **Área 3:**
    - **Enseñanza-aprendizaje:** gestión y organización del uso de las tecnologías digitales en la enseñanza y aprendizaje.
- **Área 4:**
    - **Evaluación y retroalimentación:** uso de tecnologías y estrategias digitales para la mejora de la evaluación.

- **Área 5:**
  - **Empoderamiento de los estudiantes:** mejora de la inclusión, la personalización y el compromiso activo del alumnado con su propio aprendizaje.
- **Área 6:**
  - **Desarrollo de la competencia digital de los estudiantes:** capacitación de los estudiantes para usar, de forma creativa y responsable, las tecnologías digitales para la información, la comunicación y la creación de contenidos, el bienestar y la resolución de problemas.

PARA SABER MÁS

Puedes obtener más información sobre el marco europeo de competencias digitales (DigiCompEdu) accediendo desde aquí:

https://redirectoronline.com/ssce310102

3. Contextualización digital en la formación profesional y nuevos entornos de aprendizaje

HILO CONDUCTOR

Tras conocer la normativa vigente en materia de formación profesional, el Marco Europeo para las Competencias Digitales y algunas nociones sobre el mercado

Continúa en página siguiente >>

<< Viene de página anterior

actual de trabajo, Laura decide comenzar a probar sus conocimientos en materia de metodologías para la enseñanza en FP.

La integración de los medios digitales en los procesos de enseñanza-aprendizaje supone no solo una evolución de los métodos de enseñanza aprendizaje tradicionales, sino toda una revolución en la forma de entender y poner en práctica las metodologías en el aula. A continuación, se verán las diferentes metodologías que se están implementando en las aulas de formación profesional.

3.1. Metodologías activas en el contexto de la formación profesional

Las metodologías activas se fundamentan en poner al estudiante en el centro del proceso educativo, el alumnado se convierte en el actor principal de su propio proceso de enseñanza-aprendizaje, obteniendo cada vez más independencia. Se concibe el aprendizaje como un proceso constructivo, donde el profesorado actúa como un guía en el aprendizaje.

Los principios metodológicos comunes para las metodologías activas del aprendizaje son los siguientes (Johnson *et al.*, 2000):

- **Escenario.** Se trata del contexto para el problema, el caso que se va a trabajar o el proyecto, no se trata del problema en sí. No obstante, el escenario va a aportar la información necesaria para contextualizar el problema y va a generar la necesidad de aprendizaje.
- **Trabajo en grupo.** Lo ideal es que el tamaño de los grupos sea pequeño, el alumnado en las metodologías activas se organiza mediante grupos que le permitirán poner en práctica sus niveles de conocimientos, además, las tareas que se van a desarrollar permitirán la división de los trabajos y reforzarán el compromiso con el trabajo en grupo y la responsabilidad.
- **Solución de problemas.** Habitualmente, los problemas planteados en este tipo de metodologías serán complejos, por lo que requerirán de razonamiento e indagación, planteando situaciones semejantes a las de la vida cotidiana.
- **Descubrimiento de nuevos conocimientos.** Será imprescindible en este tipo de metodologías la adquisición de nuevos conocimientos para lograr la resolución de los problemas.

- **Basado en el mundo real.** Una de las ideas centrales de este tipo de metodologías es que el alumnado trabaje como si fueran profesionales desde el inicio de los estudios. Durante el planteamiento de los problemas, el alumnado encontrará que no existe una alternativa correcta, sino patrones que constituyen los supuestos de estudio.

El uso de las metodologías de la educación activas en el marco de la enseñanza profesional se encuentra especialmente indicado, ya que va a permitir un mejor ajuste a las nuevas necesidades del mercado laboral actual, promoviendo en el alumnado experiencias de aprendizaje más significativas y cercanas a la realidad, lo que posibilita un mejor proceso de inserción laboral.

Existen multitud de **metodologías activas,** no obstante, las más usadas en la actualidad son las siguientes:

- **Aprendizaje cooperativo.** Las ventajas de este tipo de metodología pasan porque permite un acercamiento a la realidad profesional mediante el uso de casos prácticos de grupo. En este grupo, además, se fomentan las habilidades sociales necesarias para el trabajo en equipo, la participación y el pensamiento crítico y lógico mediante la búsqueda y selección de la información necesaria para la resolución de las actividades propuestas. Mejora la capacidad de razonamiento y la creatividad para superar los problemas planteados, pero también la capacidad de autocrítica, la responsabilidad y el compromiso con el trabajo y con el grupo.
- **Aprendizaje basado en proyectos.** Esta metodología favorece la adquisición de aptitudes y competencias para la realización de actividades prácticas, se ponen en valor las competencias de responsabilidad y respeto a la diversidad mejorando la motivación del alumnado y favoreciendo la creación de un buen clima en el entorno educativo.
- **Aprendizaje basado en problemas:** sus mayores ventajas pasan por la mejora de la comunicación, cooperación y creatividad, competencias que, a su vez, preparan al alumnado para el entorno laboral en el que se tendrán que desenvolver de forma autónoma, adaptándose a los problemas, con responsabilidad y actitudes proactivas.
- ***Flipped classroom.*** Esta metodología educativa incluye en las aulas la integración de las tecnologías, por lo que resulta más cercana al alumnado en cuanto se adapta mejor a su vida cotidiana, por otro lado, los contenidos están accesibles durante todo el tiempo, lo que permite al alumnado que adapte el aprendizaje a su propio ritmo.
- **Gamificación.** Se trata de una metodología activa basada en la inclusión del juego en el entorno educativo, principalmente la mayoría de las actividades son del tipo *scape room,* este tipo de metodologías fomenta el cumplimiento de los objetivos a través de la puesta en práctica de conocimientos y habilidades profesionales.

- **Inteligencia artificial:** la irrupción de la IA en el contexto educativo va a incidir fundamentalmente en dos aspectos fundamentales, por un lado la personalización del aprendizaje en el alumnado y por otro lado la gestión de las tareas administrativas, que permiten liberar tiempo a los docentes para centrarse en otros aspectos del aprendizaje.

Mónica es profesora en un centro de formación profesional, en el módulo de Educación Infantil, en concreto, imparte la materia centrada en el desarrollo evolutivo de los niños en la primera infancia (0-3 años). El alumnado que tiene en clase es un grupo bastante heterogéneo, con mucha diversidad en sus edades y que proviene de lugares muy diferentes, además, gran parte de este alumnado está trabajando y tiene problemas para estar en las sesiones presenciales. Está pensando en poner en marcha alguna de las metodologías activas del aprendizaje porque considera que es lo más adecuado para su grupo. ¿Qué metodología le recomendarías a Mónica?

Solución

Según los criterios que se han visto recomendaría a Mónica el uso de la metodología de *Flipped classroom*, ya que permitirá al alumnado tener el material a su alcance en todo momento y poder adaptarse a sus propios ritmos de aprendizaje.

3.2. Aprendizaje basado en proyectos

Se trata de unas de las metodologías activas del aprendizaje más usadas, consiste en la implementación de un conjunto de tareas basadas en la resolución de problemas o retos que, por medio de la investigación o creación, el alumnado tratará de darles respuesta. Los alumnos trabajan de forma relativamente autónoma, ya que serán guiados en todo el proceso por el personal docente, asimismo, desarrollarán un alto nivel de implicación con el objetivo planteado en el proyecto, además de responsabilidad y cooperación.

Se trata, por tanto, de una **metodología centrada en el alumnado** que además le acercará al mundo laboral.

El proceso para llevar a cabo un aprendizaje basado en proyectos en el aula será el siguiente:

- **Activación de los conocimientos previos.** En este punto se proporcionará al alumnado el contexto en el que se tendrán que desenvolver para la resolución del problema. Además, se planteará el problema que hay que resolver, así como las acciones que se van a desarrollar. En esta fase se darán dos momentos básicos: la motivación del alumnado para la realización de la tarea y la intención, es decir, la planificación de las acciones para conseguir la resolución.
- **Investigación.** Para ello es necesario que el alumnado sea consciente de en qué lugar se encuentran como punto de partida, así como los conocimientos que deberán adquirir para llevar a buen puerto el proyecto planteado, por lo que será necesaria la orientación para la planificación de las acciones.
- **Realización.** En esta fase del aprendizaje por proyectos es donde se volcarán los conocimientos aprendidos, además de contribuir al desarrollo de la capacidad de superación y la constancia.
- **Presentación o difusión.** Una vez desarrollado el proceso tendrá que ver la luz en la presentación externa, hecho que dará sentido real al proceso y aumentará el compromiso con la tarea y la calidad del resultado.

Principios metodológicos

Los **principios metodológicos** en los que se basa el aprendizaje por proyectos son los siguientes:

- **Currículum integrado.** Se abordarán los diferentes contenidos curriculares a través de tareas relevantes, en las que se incluirán aprendizajes formales y no formales.
- **Protagonismo compartido.** El personal docente será en todo momento facilitador de los aprendizajes, su tarea fundamental será la de apoyar la labor del alumnado en la creación de escenarios de aprendizaje que le permitan desarrollar sus proyectos.
- **Inclusivo.** Se adapta a los diferentes ritmos de aprendizaje y las capacidades e intereses del alumnado.
- **Parte de un reto.** Esto conecta los intereses del alumnado con los aprendizajes, por lo que aumenta la motivación del alumnado.
- **Evaluación y reflexión continua.** Por parte del docente y del propio alumnado en el desarrollo del proyecto.
- **Socialización y difusión.** Permite la socialización del alumnado entre sí, y con otros agentes educativos, por lo que aumenta la implicación del alumnado y la responsabilidad de los mismos.

EJEMPLO

Un ejemplo del trabajo por proyectos sería plantearles a los estudiantes de un ciclo de técnico superior en educación y control ambiental, cómo mejorarían los niveles de contaminación en el centro de su ciudad. De esta manera, se les motivaría con el trabajo práctico, además de fomentar la investigación sobre el medioambiente y la contaminación en el lugar donde residen.

3.3. Las 5 C's

Se trata de una metodología activa del aprendizaje desarrollada por el profesor estadounidense Joe Rhul, profesor de ciencias de secundaria durante más de 42 años. Esta metodología se basa en las siguientes pautas:

- ***Choice.*** Aprender a elegir y tomar decisiones. En este punto el alumnado tendrá la posibilidad de elegir sobre qué quiere aprender y cómo quiere aprenderlo.
- ***Collaboration.*** Fomentar la colaboración entre el alumnado y el intercambio de ideas, trabajando en equipo e incluyendo también al profesorado como parte colaboradora de los equipos de trabajo.
- ***Communication.*** Comunicación positiva. Asimismo, se propone la mejora de la comunicación entre el profesorado y el alumnado, para hacerla más abierta, fácil y profunda.
- ***Critical thinking.*** Pensamiento crítico. Fomentar el pensamiento crítico en el alumnado, para que, además de aprender los contenidos propuestos, sean capaces de aprenderlos e interiorizarlos.
- ***Creativity.*** Desarrollo de la creatividad, tanto en el trabajo del alumnado, con el desarrollo y resolución de los problemas o proyectos planteados, como en el trabajo docente, poniendo en práctica la creatividad en la metodología de aprendizaje.

Por último, el profesor añade también una última C, pero no por ello menos importante, ***Caring,*** haciendo referencia al cuidado, el profesor Ruhl expone el cuidado es una de las llaves más importantes para motivar la inspiración de los chicos y habla del cuidado hacia ellos, poniendo en práctica el verdadero interés por los jóvenes, interesándose por sus vidas, sus aficiones o sus intereses personales.

3.4. Aprendizaje personalizado

Es una metodología para el aprendizaje activo que se basa en ajustar el aprendizaje al alumnado teniendo en cuenta las fortalezas, necesidades, habilidades e intereses de cada uno. El estudiante se coloca, por lo tanto, en el centro del proceso educativo, teniendo en cuenta sus opiniones e intereses, favoreciendo de este modo el aumento de la motivación.

Los principios fundamentales de este tipo de aprendizaje se sustentan en lo siguiente:

- **Conocer los perfiles del alumnado.** Para poder establecer cuáles son los puntos fuertes y débiles, así como sus motivaciones e intereses personales, con el objetivo de poder guiarlos en el proceso de aprendizaje, estableciendo de forma conjunta los objetivos del aprendizaje.
- **Itinerarios personalizados de aprendizaje.** El alumnado recibirá apoyo personalizado de acuerdo con sus necesidades de aprendizaje, por lo que la metodología educativa debe ser abierta y flexible. Se deberán usar diferentes métodos o técnicas de enseñanza aprendizaje.
- **Progresión basada en competencias.** Mediante una evaluación continua que permita comprobar el grado de consecución de los objetivos acordados. De esta manera, cada alumno podrá seguir su propio ritmo.
- **Ambientes flexibles de aprendizaje.** Este eje se centrará en la flexibilidad que se ofrece dentro del centro educativo, en cuanto a los recursos personales, espacios y tiempos con el objetivo de promover el aprendizaje individualizado en este punto será imprescindible contar con las TIC, ya que permiten flexibilizar los entornos de aprendizaje y adaptarse a los espacios, tiempos y ritmos del alumnado.

TAREA 1

Pedro está usando en sus clases el modelo de aprendizaje personalizado, para lo que se apoya en un aula virtual donde el alumnado puede revisar los contenidos tantas veces como lo desee, sin embargo, los resultados no están siendo los esperados, pues en las últimas evaluaciones los chicos muestran, en general, bastante desmotivación hacia los contenidos y malos resultados. ¿Qué podría hacer Pedro?

Sin duda, entre los aspectos más innovadores dentro de la personalización del aprendizaje deberemos destacar las aportaciones que recientemente se están desarrollando bajo el marco de la IA.

Los beneficios de la IA pasan por tres aspectos fundamentales:

- **La reducción de las dificultades de acceso al aprendizaje:** con la implementación de acciones que permiten abordar las dificultades de acceso a la formación como por ejemplo laS originadas por el estatus socioeconómico, género, origen étnico y situación geográfica.
- **La automatización de los procesos de gestión y optimización de los métodos:** la implementación de la IA permite la automatización de tareas administrativas, la programación de las clases, la evaluación de los exámenes y la gestión de los registros de los estudiantes.
- La inclusión de la IA en los procesos de aprendizaje va a permitir **nuevas formas de adaptación y personalización de los sistemas de enseñanza-aprendizaje** para cada alumno/a. El uso de *Chatbots* como *ChatGTP, Gemini* u otras plataformas permiten al alumnado la resolución de problemas, la generación de resúmenes y la personalización de su experiencia de aprendizaje. Además mediante el análisis de los datos de aprendizaje, permite a los docentes ajustar el contenido y el ritmo de aprendizaje para la adaptación a las necesidades individuales del alumnado.

3.5. *Flipped classroom*

El *flipped classroom* o aula invertida es un modelo pedagógico en el que se sacan fuera del contexto educativo algunos de los procesos de enseñanza aprendizaje, en concreto, los procesos que se llevan fuera del aula son aquellos que se basan en visualizar, memorizar, resumir, etc., es decir, aquellos procesos que comprenden la instrucción directa, y dentro del aula se llevan a cabo aquellas acciones más complejas que requieren de una mayor atención y guía por parte del profesorado, como razonar, priorizar, exponer, etc.

El modelo de *flipped classroom* supone un cambio en los roles del aula, además de una personalización de los aprendizajes y el uso de metodologías activas del aprendizaje.

Las ventajas con las que cuenta este método educativo son:

- Incrementa el compromiso del alumnado con su propio proceso de aprendizaje, además de desarrollar habilidades para la cooperación y colaboración en el aula.
- Permite que el alumnado aprenda a su propio ritmo, ya que el contenido del aprendizaje está siempre disponible para su estudio y revisión.
- Personaliza el proceso de aprendizaje del alumnado, diversificando procesos, recursos y actividades.
- Convierte el aula en un espacio dinámico, donde se comparten ideas, se plantean interrogantes y se resuelven dudas.

4. Especificaciones de la innovación educativa en centros de formación profesional

HILO CONDUCTOR

Con una idea previa de cómo se llevan a cabo los nuevos procesos de enseñanza-aprendizaje en el aula, ahora Laura deberá conocer cómo aplicar esos conocimientos a la normativa de la formación profesional vigente en España.

Atendiendo a las indicaciones especificadas en la Ley Orgánica de 03/2022, de 31 de marzo, de Ordenación e integración de la Formación Profesional las indicaciones sobre **innovación, investigación y emprendimiento** se encuentran recogidas en el **Título VIII,** como eje fundamental de la formación profesional y sus centros educativos, y con el objetivo de generar procesos de innovación, investigación aplicada y transferencia del conocimiento que sea aplicable a los diferentes procesos productivos. De tal modo que establece los siguientes artículos:

102.1.b) Los centros de formación profesional promoverán las habilidades asociadas a la innovación, a través de la aplicación por medio de proyectos, de metodologías inclusivas e innovadoras, que se encuentren cercanas a la realidad laboral.

103. El desarrollo de proyectos de innovación e investigación aplicada impulsará la generación de un entorno especializado de confluencia y colaboración en diferentes sectores productivos, entre los centros de formación profesional y las empresas u organismos similares, especialmente en el ámbito de las pequeñas y medianas empresas.

Además de las especificaciones dadas en los anteriores artículos, también se recoge en la ley la necesidad de vincular la formación profesional a la formación dual y reforzar sus lazos con el sistema productivo en un marco de colaboración de carácter público-privado. Además de la innovación tecnológica, la formación profesional también debe apostar por la **innovación pedagógica,** usando nuevas metodologías y apostando por la transformación de los procesos de enseñanza-aprendizaje.

La formación profesional, además, deberá ser el eje promotor de los procesos **de innovación tecnológica e investigación aplicada** que permitan la mejora de diferentes procesos productivos. De tal modo que se permita la actualización permanente de dichos procesos y una adaptación ágil de los cambios necesarios en los procesos productivos, especialmente en los ámbitos vinculados al nuevo modelo económico, como son:

Para que la formación profesional en España pueda alcanzar este objetivo debe complementarse con la **innovación metodológica,** basada en las metodologías activas de aprendizaje, que tengan su base en el trabajo en equipo y la formación por competencias, además de impulsar las habilidades de creatividad y comunicación.

Por todo ello, en el marco del **Plan de Recuperación, Transformación y Resiliencia** se han implementado una serie de ayudas destinadas a los proyectos de innovación aplicada en formación profesional, cuyas líneas de financiación nos podrán servir de guía para orientar los directrices en torno a los ejes donde van a estar centrados los proyectos de innovación educativa en los próximos años:

- **Línea 1.** Innovación tecnológica, medioambiental, de procesos de producción o de prestación de servicios. Transferencia de conocimiento entre empresas o entidades y centros de formación profesional, mediante el intercambio de experiencias innovadoras o de I+D+i, a nivel nacional, autonómico o local.

- **Línea 2.** Desarrollo de competencias profesionales vinculadas a la digitalización, tales como las relacionadas con la industria 4.0 o el desarrollo de redes de comunicación 5G y la economía circular, entre otras.
- **Línea 3.** Promoción del equilibrio de género en el acceso de la mujer a los perfiles de formación profesional relacionados directa o indirectamente con las titulaciones de formación profesional STEAM y a su inserción profesional.
- **Línea 4.** Creación de estructuras para la promoción de la competencia emprendedora, vinculada a centros de formación profesional (viveros, incubadoras de empresas, etc.), que estimulen la competencia emprendedora y que faciliten la transición al mercado laboral desde el entorno formativo, aportando el marco, las normas, el soporte y el acompañamiento necesarios.
- **Línea 5.** Diseño y testeo de retos o proyectos de formación que permitan la innovación metodológica hacia el aprendizaje basado en retos, con atención especial a la incorporación de competencias transversales, incluyendo diseño-tipo de adaptaciones técnicas y estructurales de espacios formativos a nuevas metodologías.
- **Línea 6.** Desarrollo de ecosistemas de innovación estables entre los principales agentes de cada sector profesional estrechando y garantizando la colaboración, la excelencia del talento de sus profesionales y la transferencia del conocimiento entre centros de formación profesional, empresas y/o entidades especialistas en innovación del mismo.

PARA SABER MÁS

Si quieres obtener más información sobre el Plan de Recuperación, Transformación y Resiliencia, puedes hacerlo accediendo desde aquí:

https://redirectoronline.com/ssce310103

ACTIVIDAD COMPLEMENTARIA

2. La economía circular es un concepto que se está poniendo en valor en nuestros días. Teniendo en cuenta esto, busca un ejemplo de economía circular.

4.1. Iniciativas docentes y planificación del centro educativo

En la actualidad, el desarrollo de las competencias digitales en los docentes constituye una de las claves fundamentales para el ejercicio de la docencia, pero ¿qué entendemos por competencia digital?

Larraz (2013) define la competencia digital del siguiente modo: "La competencia digital es la unión de diversas alfabetizaciones (informacional, tecnológica, multimedia y comunicativa), necesarias a lo largo de la vida, para responder a los retos que se presentan en la sociedad del conocimiento".

Como ya se ha visto anteriormente, en España se da continuidad al Marco Europeo de la Competencia Digital Docente estableciendo apartados claves dentro de los planes de transformación y resiliencia.

No obstante, para tener un esquema básico, las competencias digitales de los docentes se recogen dentro de **los planes de formación permanente del profesorado.** Debe ser acorde con la evolución de las ciencias y las didácticas específicas, además de ofrecer conocimientos relacionados con la metodología, la atención a la diversidad, las tecnologías de la información y la comunicación y la formación en lenguas extranjeras.

DEFINICIÓN

Formación permanente
Conjunto de actividades formativas dirigidas a mejorar su preparación científica, técnica y profesional.

Las administraciones educativas, de las que depende la formación del profesorado, establecen como **líneas de formación prioritaria** las siguientes:

Planificación del centro de FP

Con respecto a la planificación del centro educativo, deberemos volver de nuevo a hacer referencia a la Ley Orgánica 3/2022 31 de marzo, de ordenación e integración de la Formación Profesional, ya que es en ella donde se recoge cómo debe ser la ordenación y planificación de los centros integrados de formación profesional.

A grandes rasgos, estos centros se definirán como aquellos que imparten formación conducente a la **obtención de Títulos de Formación Profesional y/o Certificados de Profesionalidad.** Su oferta formativa es íntegramente de FP.

Dentro de los **objetivos** para los que están diseñados dichos centros se encuentran los siguientes:

1. Diseñar, gestionar y desarrollar planes formativos de formación profesional inicial y para el empleo, y diversas acciones para la inserción o reinserción laboral, teniendo en cuenta la realidad de su entorno.
2. Aumentar la cualificación y recualificación de las personas en construcción permanente de su itinerario formativo.

3. Facilitar la evaluación, la acreditación de competencias profesionales adquiridas a través de la experiencia profesional o aprendizajes no formales.

Las principales **características** de estos centros integrados de formación profesional son las siguientes:

- **Redes.** La idea de la ley es que los centros de formación profesional se integren e interrelacionen en una **red de centros** y que el alumnado de estos constituya el centro en los procesos formativos, con independencia de que la formación haya sido recibida por medios de la administración o laborales.
- **Vínculos.** Fundamental será que los centros desarrollen vínculos con el sistema de su entorno, especialmente con el sistema productivo, colaborando con organizaciones empresariales o gestionando planes de formación específicos para las empresas.
- **Innovación.** Será también un cometido de los centros integrados el de llevar a cabo proyectos de innovación relacionados con competencias profesionales emergentes.
- **Abiertos.** Con respecto a su funcionamiento, los centros integrados de FP han de ser centros abiertos a su entorno, que favorezcan la participación tanto de los agentes implicados en el proceso educativo, como de los representantes del ámbito productivo. Para completar ese proceso se podrá adaptar a constituirse como centros integrados de formación profesional los centros ya existentes, o bien establecerse centros de nueva creación.
- **Proyecto.** Cada centro deberá contar con un proyecto, donde se definan las estrategias del mismo.
- **Calidad.** Cada centro de formación profesional deberá contar con un sistema de evaluación de la calidad, así como del grado de satisfacción del alumnado y las tasas de inserción laboral.
- **Autonomía.** Contarán además con un elevado grado de autonomía para fijar las plazas de matriculación y organización de las ofertas formativas, promoviendo que se adapten las ofertas formativas a las necesidades específicas del entorno productivo.
- **Consejo Social.** En lugar de contar con consejo escolar, estos centros contarán con un consejo social, que estará formado por representantes de la administración, del centro, de organizaciones empresariales y de organizaciones sindicales.

ACTIVIDAD COMPLEMENTARIA

3. Realiza una búsqueda entre los sistemas de calidad de los centros integrados de formación profesional.

   A continuación, observa los elementos que coinciden o se diferencian en la búsqueda de dichos planes y reflexiona sobre cinco elementos que debería tener un plan de formación.

5. Introducción a la tecnología digital en la formación profesional

HILO CONDUCTOR

Una vez ya se han planteado los conceptos básicos del trabajo en formación profesional, Laura deberá comenzar a reconocer cuáles son aquellas técnicas, principios y avances que se incluyen en el trabajo diario en los centros de formación profesional.

Para iniciarnos en la materia de las nuevas líneas de trabajo en materia digital en la formación profesional, será necesario hacer referencia al Plan de Acción de Educación Digital (2021-2027), que se está implementando desde la Comunidad Europea, con el objetivo de dotar a los Estados miembros de un paquete de medidas para el aprovechamiento de las tecnologías digitales para la educación.

Este plan se concentra en **dos líneas estratégicas** fundamentales, que se desarrollan en **14 apartados:**

- **Línea 1.** Fomentar el desarrollo de un ecosistema educativo digital de alto rendimiento. Esto se plasma en las siguientes medidas:
  - Se llevará a cabo mediante un diálogo entre el Consejo de Europa y los Estados miembros, en el que se determine cuáles son las claves para el éxito en la educación y la formación digital.

- Medida destinada a fomentar el aprendizaje mixto en los niveles de primaria y secundaria, para desarrollar una educación inclusiva y de alta calidad.
- Desarrollo del Marco Europeo de Contenidos de Educación Digital.
- Fomento del uso y la accesibilidad de la conectividad y los equipos digitales en educación.
- Determinación de las directrices éticas para el uso de la inteligencia artificial y el uso de datos, así como la formación de los educadores y docentes.

➲ **Línea 2.** Mejorar las competencias y las capacidades digitales para la transformación digital. Esto se plasma a través de las siguientes medidas:

- Establecer unas directrices comunes para el personal docente como medio para alcanzar mayores cotas de alfabetización digital.
- Actualización continuada del Marco Europeo de Competencias Digitales para que se dé cobertura a las novedades en materia tecnológica digital.
- Creación del Certificado Europeo de Capacidades Digitales.
- Mejora de la provisión de las capacidades digitales en la formación.
- Recopilación de datos a nivel europeo y determinación de un objetivo común en cuanto a formación digital de los estudiantes.
- Fomento de las prácticas en materia digital.
- Fomento de la participación de las mujeres en materia de: ciencia, tecnología, ingeniería y matemáticas.
- Creación de un Centro Europeo de Educación Digital.

PARA SABER MÁS

Puedes obtener más información sobre el Plan de Acción de Educación Digital (2021-2027) accediendo desde aquí:

https://redirectoronline.com/ssce310104

Las directrices establecidas en este sentido en la Comunidad Europea se plasman a nivel nacional en el **Plan de Digitalización y Competencias Digitales del Sistema Educativo.**

DEFINICIÓN

Plan de Digitalización y Competencias Digitales del Sistema Educativo
Conjunto de acciones promovidas a nivel estatal para apoyar la transformación digital del sistema educativo mediante la dotación de dispositivos tanto a centros como al propio alumnado, así como recursos educativos digitales y la adecuación de las competencias digitales de los docentes, fomentando también las iniciativas que lleven la aplicación de la inteligencia artificial a la educación personalizada.

Este plan nacional se plasma en la colaboración entre las diferentes administraciones competentes en materia educativa, plasmándose en el convenio **Educa en Digital,** en el que se determinan las siguientes acciones, en relación con la formación profesional:

Acciones en relación con la formación profesional

- Diseño de nuevas titulaciones digitales requeridas por la oferta de empleo.
- Formación del profesorado en digitalización aplicada.
- Inclusión de un módulo de digitalización aplicada en formación digital en el currículum de las titulaciones que forman parte del Catálogo de títulos de Formación Profesional, tanto en grado medio como en grado superior.
- Promoción de los centros integrados y de referencia nacional en el sector digital.
- Formación de formadores en programas de especialización con mayor demanda en el sector industrial.

EJEMPLO

Los títulos de FP se renuevan constantemente, recientemente, se ha renovado el título de Técnico Superior en Mecatrónica Industrial para adaptarlo a las nuevas competencias digitales del sector industrial.

PARA SABER MÁS

Puedes obtener más información sobre la iniciativa de Educa en Digital accediendo desde aquí:

https://redirectoronline.com/ssce310105

5.1. Implicaciones de la tecnología digital en la formación profesional

La tecnología y medios digitales transforman diariamente todos los ámbitos de nuestras vidas, desde nuestra forma de comunicarnos, hasta el simple hecho de tener una cuenta bancaria. Tanto a nivel europeo como nacional se están plasmando una serie de planes, proyectos y directrices para dar soporte a toda esta transformación. Especialmente esto ha de tener incidencia en la formación profesional, ya que es la que debe dar respuesta de forma más inmediata a las demandas reales de empleo.

El mercado laboral es un claro reflejo de cómo afectan los procesos de digitalización al conjunto de los sectores productivos, de manera que la demanda de personal cualificado a nivel digital por parte de las empresas es una realidad a la que desde la formación profesional se debe dar cobertura.

Desde el **Observatorio de Formación Profesional,** en colaboración con la Fundación Dualiza, se ha llevado a cabo un análisis en cuanto a las competencias digitales de la población, la matriculación por familias profesionales TIC de FP (Electricidad y electrónica, Imagen y sonido, Informática y comunicaciones), la situación laboral de los titulados en estas familias, la formación en TIC recibida en las empresas y la participación de los titulados de FP en los sectores productivos, según su intensidad digital. Obteniendo como resultados los siguientes:

- Aunque a nivel de la población se ha detectado un ligero avance en materia de competencias digitales, los niveles de competencias digitales en las personas de más edad, o con niveles educativos más bajos, es aún muy baja.
- El número de personas matriculadas en ciclos TIC de FP es aún muy bajo, solo uno de cada 5 estudiantes de formación profesional.
- Según las estadísticas, el número de alumnos matriculados en FP dual en las familias profesionales TIC ha caído en un 15 %.
- En cuanto a la situación laboral, las estadísticas destacan que el alumnado egresado de estudios profesionales TIC cuenta con mayores índices de empleabilidad y, además, que sus salarios son más altos.

Continúa en página siguiente >>

<< Viene de página anterior

> Los resultados del análisis en materia de género muestran que aún queda mucho trabajo por hacer en este sentido, pues existe un gran desequilibrio entre las tasas de empleo, paro y actividades de hombres y mujeres con titulaciones TIC.

> Con respecto a las empresas, los datos muestran que es necesario incrementar los esfuerzos en digitalización, sobre todo en aquellas empresas de menor tamaño.

PARA SABER MÁS

Puedes obtener más información sobre el observatorio de Formación Profesional accediendo desde aquí:

https://redirectoronline.com/ssce310106

Tras estas conclusiones se refleja también que no solo es necesario incrementar los esfuerzos en FP en aquellas familias profesionales TIC, sino que deben adaptarse todas las familias profesionales. Este objetivo se enmarca en el Plan Estratégico de Formación Profesional, que recoge las siguientes directrices:

1. El Plan de Digitalización y Competencias Digitales del Sistema Educativo recoge la dotación de dispositivos portátiles para la **reducción de la brecha digital** por parte del alumnado y colectivos vulnerables, así como la instalación y el mantenimiento de sistemas digitales interactivos en centros educativos. Se pone de manifiesto la necesidad del desarrollo de espacios formativos en competencias digitales demandadas por los sectores productivos, y en la acreditación de competencias digitales adquiridas a través de la experiencia laboral.

2. Competencias digitales para el empleo, incluyendo acciones específicas de **cualificación y recualificación** dirigidas a personas empleadas y desempleadas. Un programa de capacitación digital de las administraciones públicas y un programa de transformación digital de las pymes.
3. Profesionales digitales, incluyendo la adaptación de la oferta formativa de formación profesional existente y mediante el **diseño de nuevas especialidades.**

TAREA 2

Sonia tiene una pequeña tienda de ropa de barrio, tiene contratada a una persona más y está pensando en modernizar su negocio incluyendo la digitalización de algunos de procesos, pero no sabe por dónde puede empezar ¿qué indicaciones le darías a Sonia?

5.2. Herramientas digitales para la programación de unidades didácticas

Entendemos por **herramientas digitales** aquel conjunto de programas, plataformas y aplicaciones que están diseñados para generar un contenido de utilidad para el alumnado, facilitando el aprendizaje individualizado y el acceso a la formación.

El uso de las herramientas digitales por parte del profesorado dependerá, en gran medida, de la necesidad que se pretenda cubrir, de manera que puedan contar con herramientas digitales que nos ayuden en el archivo y gestión de documentación, la creación de aulas virtuales, la realización de videoconferencias o la creación de presentaciones, infografías, imágenes, etc.

A modo de resumen, podemos usar las herramientas digitales para las siguientes acciones:

- **Gestión de contenidos.** Se trata de programas que nos van a permitir la administración, distribución y control de las actividades de formación a través de medios digitales, son los conocidos como SGA, sistema de gestión del aprendizaje. Sus funciones principales son: organizar los materiales, supervisar el progreso del alumnado y personalizar el aprendizaje.

Tanto a nivel europeo como nacional se están plasmando una serie de planes, proyectos y directrices para dar soporte a toda esta transformación. Especialmente, esto ha de tener incidencia en la formación profesional, ya que es la formación que debe dar respuesta de forma más inmediata a las demandas reales de empleo.

La tipología de las herramientas que se ponen a nuestra disposición para la planificación educativa, son:

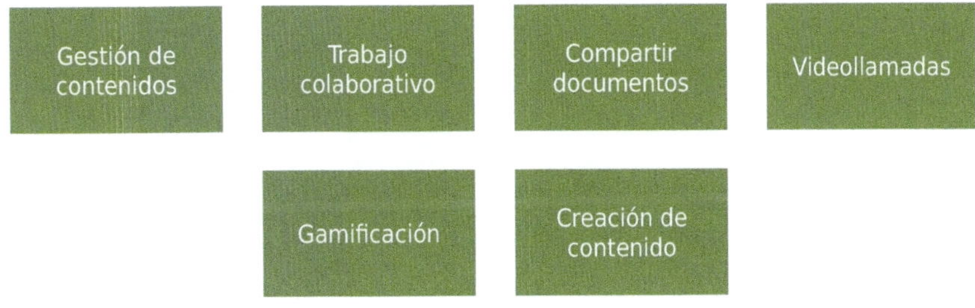

- **Trabajo colaborativo.** Los entornos virtuales de aprendizaje deben contar con herramientas aptas para llevar a cabo el trabajo colaborativo entre el alumnado, permitiendo el establecimiento de grupos de trabajo, así como su organización y gestión, una de sus principales características será que deben permitir la comunicación dentro del grupo de trabajo.
- **Compartir documentos.** Las herramientas digitales permitirán el almacenamiento y la gestión, así como el intercambio de documentos, tanto para el profesorado, como para el alumnado.
- **Videollamadas.** Bien para trabajar de forma síncrona todo el grupo, o bien para el trabajo individualizado, por ejemplo, de las tutorías.
- **Gamificación.** La finalidad será la transmisión y el trabajo en los contenidos de manera lúdica, con la intención de aumentar la motivación por el aprendizaje, los nuevos entornos de aprendizaje digitales permiten incorporar este tipo de técnicas con una estética atractiva.
- **Creación de contenido.** Existen multitud de herramientas, programas y aplicaciones que nos van a facilitar la creación de contenidos de una forma más ágil, haciendo además que estos contenidos sean más interactivos y didácticos.

6. Resumen

El sistema vigente de Formación Profesional en España ha sufrido una gran transformación en los últimos años, la última Ley Orgánica de Ordenación e Integración de la Formación Profesional, de 23 de marzo de 2022, afianza esta transformación, ya que tiene por objeto la constitución e integración de un sistema único de formación profesional. Colaboran en dichos cambios las directrices europeas en cuanto a competencias digitales, poniendo de relieve lo establecido en el Marco Europeo de Competencias Digitales.

Por otro lado, las nuevas tendencias en materia de enseñanza-aprendizaje permiten un aprendizaje activo y un giro en cuanto a los sistemas educativos tradicionales, en este sentido, destacan:

Ejercicios de autoevaluación Unidad de Aprendizaje 1

1. ¿Cuál de los grados de Formación Profesional es necesario mejorar según el Informe de Tendencias del Mercado de Trabajo?

a. Grado Medio
b. Grado Básico
c. Grado Superior
d. No es necesario según este informe la mejora en los grados de FP

2. ¿Cuál es la Ley que rige la Formación Profesional en España?

a. Ley Integral de Formación Profesional, de 23 de marzo de 2022.
b. Ley Integral de Formación Profesional, de 21 de abril de 2023.
c. Ley Orgánica de Ordenación e Integración de la Formación Profesional, de 23 de marzo de 2022.
d. Ley Orgánica de Ordenación e Integración de la Formación Profesional, de 21 de abril de 2023.

3. ¿Cuál de los siguientes no es un principio del marco normativo de formación profesional vigente?

a. Anticipación
b. Flexibilidad
c. Permeabilidad
d. Participación

4. Señala cuál de las siguientes no es una de las áreas de DigiComp-Edu.

a. Compromiso profesional
b. Prácticas empresariales
c. Enseñanza-aprendizaje
d. Empoderamiento de los estudiantes

5. **Indica cuál de los siguientes no es un principio metodológico de las metodologías activas del aprendizaje.**

    a. Mundo real
    b. Escenario
    c. Descubrimiento
    d. Trabajo individualizado

6. **Determina si la siguiente oración es verdadera o falsa: "Una de las ventajas del aprendizaje colaborativo es que permite un acercamiento a la realidad profesional mediante el uso de casos prácticos de grupo".**

    - Verdadero
    - Falso

7. **El proceso para llevar a cabo el aprendizaje por proyectos en el aula es:**

    a. Activación-realización-investigación-presentación
    b. Realización-activación-investigación-presentación
    c. Activación-investigación-realización-presentación
    d. Presentación-activación-investigación-realización

8. **¿Cuál de las siguientes no es una de las 5 C de la metodología activa?**

    a. *Creativity*
    b. *Company*
    c. *Critical thinking*
    d. *Choice*

9. **Determina si la siguiente oración es verdadera o falsa: "El modelo de *flipped classroom* supone un cambio en los roles del aula, además de una personalización de los aprendizajes y el uso de metodologías activas del aprendizaje".**

    - Verdadero
    - Falso

10. Señala cuáles de los siguientes son apartados que debe contener el proyecto de centro de formación profesional.

a. Organización del centro educativo
b. Procedimiento de consejo escolar
c. Procedimiento de gestión del centro
d. Tiempos de impartición en el centro

Unidad de aprendizaje 2

Diseño de acciones formativas digitales

Contenido

1. Introducción
2. Desarrollo de un diseño instruccional
3. Análisis de necesidades formativas y de contexto
4. Identificación de claves para una correcta redacción de objetivos
5. Selección y curación de contenidos
6. Organización y secuenciación de contenidos
7. Identificación de actividades y estrategias de aprendizaje
8. Desarrollo de las primeras fases de un *e-porfolio* de una actividad formativa
9. Resumen

Objetivos

El objetivo general de esta Unidad de Aprendizaje es:

→ Diseñar actividades didácticas digitales desarrollando el proceso de diseño instruccional, así como identificar las estrategias de aprendizaje y tipos de actividades para desarrollarlas.

Los objetivos específicos de esta Unidad de Aprendizaje son:

→ Valorar la importancia de la toma de decisiones responsables en la elección de herramientas digitales en tareas de curación de contenidos.

→ Reconocer las diferentes posibilidades de los modelos de organización y secuenciación de los contenidos.

→ Identificar las diferentes estrategias de aprendizaje y asociarlo con las actividades.

1. Introducción

El procedimiento para diseñar una acción formativa está conformado por la toma de decisiones sobre los diferentes elementos para el desarrollo de la misma.

En esta toma de decisiones las personas implicadas en su diseño deberán planificar aspectos relativos a la metodología, los objetivos, contenidos, etc., incluyendo las personas a las que se dirigirán dichas acciones, para lo que será un punto esencial determinar el contexto.

El análisis del contexto proporciona la información necesaria para conocer las estrategias de aprendizaje a las que darán respuesta con la acción formativa y, en consecuencia, establecer las actividades de aprendizaje.

Sin duda, una vez revisados los estándares formativos aplicables en España y conceptos básicos sobre el aprendizaje activo, es el momento de iniciarnos en el diseño y desarrollo de las actividades didácticas digitales.

Para ello continuaremos con el caso de Laura, que tiene la oportunidad de poner en práctica sus conocimientos a través de unas prácticas en un centro de formación en el que se imparten módulos formativos de los certificados de profesionalidad.

2. Desarrollo de un diseño instruccional

En su primer día de prácticas en la empresa EDUCAM, Laura está acompañando a una profesora del módulo de Asistencia a la Dirección. Esta profesora le pone al día sobre la actualización de los contenidos que está llevando a cabo, para adaptarlos a los nuevos diseños digitales. Por lo que Laura tendrá la oportunidad de colaborar con ella en el diseño de los contenidos.

Cuando hablamos de diseño instruccional hacemos referencia a todos aquellos procesos que nos llevan a diseñar, desarrollar e implementar materiales para ofrecer experiencias educativas digitales al alumnado, con el objetivo de mejorar los procesos de enseñanza aprendizaje.

2.1. Concepto de diseño instruccional

El concepto de **diseño instruccional** ha ido evolucionando a través del tiempo, desde las primeras aproximaciones al concepto, señalada por Bruner en 1969, quien definía el diseño instruccional como "el proceso que se ocupa de la planificación, la preparación y el diseño de los recursos y ambientes necesarios para que se lleve a cabo el aprendizaje", hasta definiciones más actuales como la que nos ofrecen Richey, Klein y Tracey *(The instruccional Knowledge Base,* 2011) donde se define como: "la ciencia y el arte que permite crear especificaciones detalladas para el desarrollo, evaluación y mantenimiento de acciones que facilitan el aprendizaje y el rendimiento".

IMPORTANTE

Es imprescindible tener en consideración que en el proceso de diseño instruccional influye notoriamente **la digitalización y la tecnología,** que ha impregnado todas las partes de la sociedad y ha cambiado radicalmente los procesos de enseñanza aprendizaje. Por lo que, en estos momentos, no podremos entender el diseño de los procesos educativos sin las herramientas y procesos que nos ofrecen las TIC.

Principios en los que se basa

Con la llegada de las TIC y su extensión a todos los ámbitos de la sociedad se abrió un nuevo paradigma educativo, en el que todos los procesos, hasta el momento vigentes, debieron cambiar y adaptarse. Ya desde los incipientes años 2000, fueron varios los autores que comenzaron a establecer una serie de principios deseables en los que debía basarse este nuevo paradigma educativo, movido en base al eje de las TIC, como ejemplo tenemos los principios que Hannafin, Land y Oliver tomaron como base:

- **Aprendizaje autónomo.** El centro del diseño será el propio alumno, por lo que el aprendizaje estará cargado de una fuerte iniciativa por su parte, constituyendo un aprendizaje autodirigido y autónomo, por lo que se implementarán modelos y estrategias de educación activos.
- **Trabajo colaborativo.** Se dará prioridad al trabajo colaborativo y en tareas cercanas a la realidad y la vida cotidiana, centrados en un ámbito competencial profesional determinado, con el fomento de las prácticas y, en nuestro caso, ciñéndonos a la formación profesional en el aprendizaje dual.

- **Entornos de aprendizaje flexibles.** Tanto el currículum educativo, como las enseñanzas estarán organizadas en base a entornos de aprendizaje abiertos y flexibles, donde se permita el razonamiento divergente y las múltiples perspectivas, para que el alumnado pueda escoger y proponer métodos y actividades.
- **Digitalización del aprendizaje.** El diseño deberá permitir el uso y la inclusión de las tecnologías digitales más avanzadas.
- **Aprendizaje personalizado.** El diseño deberá permitir los ritmos de aprendizaje personalizados, trayectos flexibles y alternativos. El alumnado deberá poder trabajar la experiencia educativa hasta que logre los niveles de desempeño adecuados.
- **Tareas de relevancia social.** Se dará prioridad a las tareas cognitivas complejas y en las que se trabajen aspectos relevantes socialmente, que son necesarios para resolver problemas complejos, cambiantes e inciertos.
- **Actualización.** Los sistemas de enseñanza aprendizaje deberán permitir un diálogo continuo con el alumnado, para que se puedan actualizar continuamente los procesos y progresos, así como el desempeño de las actitudes y expectativas.
- **Evaluación.** El proceso de evaluación deberá ser continuo y abarcar tanto el saber, como el saber hacer y el ser, por lo que estará centrado en el desarrollo de las competencias.

Modelos para el desarrollo de un diseño instruccional

Existen en la actualidad una serie de **modelos para el desarrollo de un diseño instruccional**, los más relevantes por su uso e implementación son los siguientes:

- **ADDIE.** Es de los modelos más usados, sino el que más, sus siglas se corresponden con cada una de las fases de dicho diseño:

  - **Análisis:** en esta fase se lleva a cabo la recopilación de la información que se necesita para desarrollar un contenido formativo. Además, se establece el perfil del alumnado.
  - **Diseño:** en esta fase se establece una estrategia para la consecución de los objetivos, para ello será necesario haber determinado previamente el perfil del alumnado al que va dirigido el proceso, los objetivos, contenidos y la metodología que se usará.
  - **Desarrollo:** en esta etapa del proceso es donde se hace uso y se ponen en práctica todos los recursos necesarios para que el proceso de enseñanza-aprendizaje se desarrolle de la forma más interactiva, atractiva y creativa posible.
  - **Implementación:** una vez finalizado el diseño, se pondrá en manos de los destinatarios, realizando un seguimiento del mismo, compro-

bando el alcance de los objetivos establecidos, así como su itinerario de aprendizaje.
- **Evaluación:** se trata de la última fase, en ella el foco se pondrá en el alumnado, de manera que se usarán los medios y recursos adecuados para obtener las percepciones y las opiniones del alumnado.

- **ASSURE.** Este modelo está desarrollado desde la perspectiva constructivista, donde el foco se pone en las características propias del estudiante y la forma de conseguir una activación en la participación del mismo.
- **Principios de Merril.** En este modelo la prioridad se pone en el orden y la estructura para lograr mejorar el proceso de ejecución del objetivo. Se fundamenta en los principios de: centralidad de las tareas, activación del conocimiento, demostración del aprendizaje, aplicación e integración en el día a día.
- **Dick y Carey.** Su objetivo es la meta instruccional. En este modelo se lleva a cabo un análisis de la formación y el contexto del alumnado para desarrollar los objetivos que se quieren conseguir, una vez propuestos los objetivos, se crea la estructura, recursos y diseño.
- **Modelo Gagné.** Fundamentado en cómo los usuarios procesan la información recibida mediante diversos estímulos. Este modelo va a estar centrado en la estimulación de la atención y motivación del alumnado, a la vez que fomenta los conocimientos previos.
- **Modelo retrospectivo.** Este modelo da prioridad a la planificación del proceso de aprendizaje para facilitar la comprensión de la información por parte del alumnado en un límite de tiempo, para lo que se planifica cuidadosamente el temario y el uso de los recursos en unas fechas determinadas.

PARA SABER MÁS

Puedes consultar más información sobre los modelos de diseño instruccional accediendo desde aquí:

https://redirectoronline.com/ssce310107

Fases para el desarrollo de un diseño instruccional

Aunando los modelos anteriores y a modo de aproximación, las fases para el desarrollo de un diseño instruccional son las siguientes:

- **Análisis.** Se centra en el análisis de las características de los destinatarios de la acción formativa, así como de las necesidades de formación existentes. En base a esta fase se tomarán las decisiones sobre la modalidad formativa con la que se llevará a cabo el desarrollo del proceso.
- **Diseño.** En esta fase se establecen los objetivos del proyecto y se decidirá el modelo formativo, los objetivos, la metodología del proceso de enseñanza aprendizaje, etc.
- **Desarrollo.** Se trata de la fase de producción del diseño instruccional, en la cual se diseña y desarrolla el contenido, los materiales didácticos, la evaluación, etc. Además, se decidirán las cuestiones propias de la organización del aprendizaje, como las inscripciones del alumnado y la gestión de los medios.
- **Implementación.** En esta fase es en la que se pone en práctica propiamente el diseño, ya que se imparte la acción formativa y se desarrolla el programa, las tutorías, se usan los medios, materiales y recursos, etc.
- **Evaluación.** En esta fase se realiza el seguimiento del alumnado y se lleva a cabo la evaluación de todos los componentes de la acción formativa.

ACTIVIDAD COMPLEMENTARIA

4. Realiza un mapa conceptual de uno de los seis modelos de diseño instruccional.

2.2. Fases: análisis, diseño, desarrollo, implementación y evaluación

Para establecer las fases del modelo de diseño instruccional nos basaremos en el modelo ADDIE, ya que es el modelo básico y más comúnmente usado, como ya mencionamos anteriormente, el nombre de este modelo está formado por su acrónimo, que señala las fases de **Análisis *(Analize)*, Diseño *(Designe)*, Desarrollo *(Develop)*, Implementación *(Implement)* y Evaluación *(Evaluate)*.** Fue desarrollado por Williams *et all.;* Maribe en 2009.

A continuación, veremos los conceptos fundamentales para cada una de las fases.

- **Análisis.** Constituye la primera fase del modelo, consiste en el análisis del alumnado, del contenido y del entorno, se trata de un diagnóstico de las necesidades que permita tanto identificar el perfil del alumnado, como las condiciones del entorno que pueden influir en el proceso de enseñanza-aprendizaje. Los puntos que se analizan son los siguientes:
  - La problemática y los objetivos del programa de estudio.
  - Perfil de los estudiantes.
  - Análisis de la tarea.
  - Identificación de la solución de formación.
  - Recursos disponibles y requeridos, como, por ejemplo, los económicos, humanos y materiales.
  - Tiempo que se dispone.
  - Determinar los puntos para evaluar y medir los resultados.
  - Identificar las posibles limitaciones.
- **Diseño.** Se trata de la segunda fase en el diseño instruccional, toma directamente los datos obtenidos a través del análisis realizado anteriormente para planificar una estrategia para el desarrollo del plan de estudio. Esta fase va a considerar los siguientes aspectos:
  - Redactar los objetivos de la unidad o módulo.
  - Diseñar el proceso de evaluación.
  - Seleccionar los medios y sistemas para hacer llegar la información.
  - Determinar el enfoque didáctico en general.
  - Planificar la formación: decidir las partes y el orden del contenido.
  - Diseñar las actividades del alumnado.
  - Identificar los recursos pertinentes.
- **Desarrollo.** La tercera fase dentro del diseño instruccional se fundamenta en las dos fases anteriores, en ella se agrupan todos los medios de instrucción y todos los documentos de apoyo, además de diseñar los medios digitales que se van a emplear. Se va a trabajar en esta fase: el libro o proyecto de trabajo, la realización de los ejercicios prácticos y la creación del ambiente de aprendizaje.
  El objetivo principal de esta fase será la de la generación y validación de los recursos de aprendizaje que se usarán durante el proceso de enseñanza-aprendizaje.
- **Implementación.** En esta fase se entrega el programa de estudio que ha de constar de los siguientes puntos:

- Evaluación de la propuesta formativa.
- Ajustes necesarios según avance el programa.
- Asegurar la transferencia correcta de los conocimientos del programa.

Se concretará el ambiente de aprendizaje involucrando a los estudiantes. A lo largo de esta fase es donde se construye el aprendizaje por parte del alumnado, el personal docente deberá ejercer de facilitador del mismo y de los recursos del aprendizaje que han sido desarrollados en la fase previa. Busca dar impulso al aprendizaje activo por parte del alumnado.

- **Evaluación.** Se trata de la última fase, en ella se mide la eficacia y eficiencia que ha tenido el programa de estudios puesto en marcha. Será importante valorar en esta fase la calidad de los productos y de los procesos de enseñanza aprendizaje, la elaboración de los criterios de evaluación es uno de los principales procedimientos que se deben tener en cuenta en esta fase, tienen que plasmarse en el plan de evaluación que deberá ser puesto en conocimiento de todas las personas involucradas en el proceso.

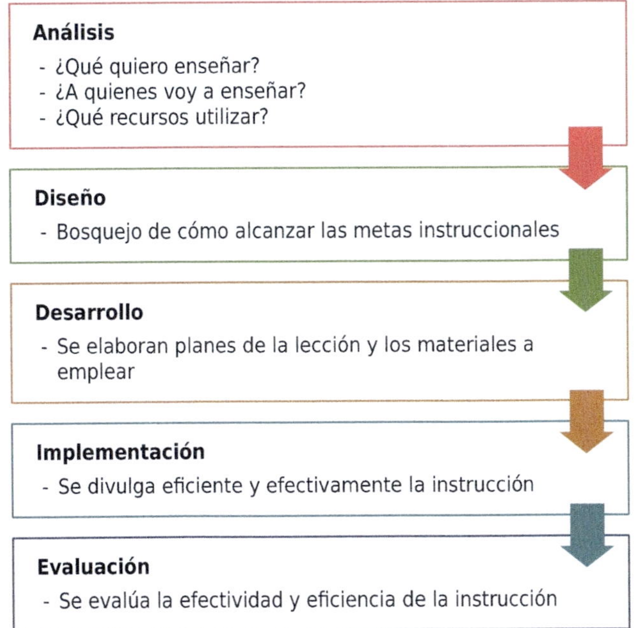

3. Análisis de necesidades formativas y de contexto

HILO CONDUCTOR

Para empezar con el diseño instruccional del módulo formativo del certificado de Asistencia a la Dirección, la profesora le encarga a Laura que realice un análisis de las necesidades formativas y de contexto, para saber si han cambiado con respecto a las necesidades anteriores.

El análisis de las necesidades formativas constituye el **primer paso en los modelos de diseño instruccional,** a lo largo de esta etapa se va a determinar cuáles son los objetivos de la acción formativa y hacia quién se van a dirigir dichas acciones.

Por otro lado, se determinarán las herramientas y técnicas para la obtención de la información del contexto, dicha información será recopilada y nos aportará los datos necesarios para tomar decisiones en las siguientes fases.

Habitualmente en la fase de análisis se dan respuesta a una serie de cuestiones como las siguientes:

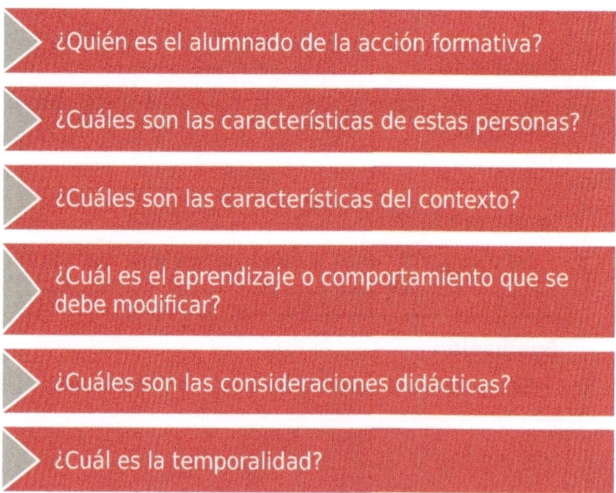

En definitiva, en esta fase se deberá dar respuesta a las cuestiones que atañen a la acción formativa.

3.1. Objetivos del análisis

El objetivo del análisis será **servir de guía** para la elección de problemas y asignación de prioridades.

DEFINICIÓN

Análisis de necesidades formativas del contexto
Se encargará de definir el contexto institucional, identificar la población objeto del estudio y valorar sus necesidades, diagnosticar los problemas que subyacen en las necesidades y juzgar si los objetivos propuestos son lo suficientemente coherentes con las necesidades valoradas. Stufflebeam y Shinkfield (1987).

El análisis del contexto debe proporcionar a la persona que diseña la formación, la información suficiente para poder tomar decisiones sobre lo que es posible y razonable ofertar en ese contexto para hacer frente al problema de que se trata.

Las principales **características** del análisis de necesidades son:

- Se trata de un estudio sistemático en el inicio, para identificar y comprender el problema.
- Es un proceso provisional, nunca definitivo y completo.
- Es un análisis de discrepancias entre dónde se está actualmente y dónde se debería estar.
- Las discrepancias se identifican en términos de resultados, no de procesos.
- Utiliza datos representativos de la realidad y de las personas implicadas.
- Proporciona datos importantes para la generación de soluciones y toma de decisiones.

Las **herramientas** más comunes para la realización del análisis de necesidades son:

PARA SABER MÁS

Para más información sobre las herramientas de análisis de necesidades formativas puedes acceder desde aquí:

https://redirectoronline.com/ssce310201

ACTIVIDAD COMPLEMENTARIA

5. Elabora de forma individual el guion para una entrevista para la detección de necesidades formativas para los trabajadores de una empresa. Posteriormente, realiza un *role playing* donde una persona haga de entrevistador y otra de entrevistado y viceversa.

3.2. Herramientas y técnicas: foros y cuestionarios entre otros

En cuanto a las herramientas y técnicas para el análisis de las necesidades formativas podemos distinguir fundamentalmente entre dos tipos de fuentes: **documentales y personales.**

Fuentes documentales

Se trata de todos los tipos de información registrada que hagan referencia a los objetivos del análisis que se esté realizando. Estos registros documentales pueden ser muy diversos, desde normativa reguladora, bases de datos, declaraciones de carácter institucional, programas o proyectos previos, etc.

Nos van a servir para determinar qué planes han funcionado de manera adecuada anteriormente y cuáles se necesitan mejorar. Los documentos que describen líneas estratégicas, nuevas aplicaciones corporativas o proyectos de cambio nos indican la evolución de las necesidades.

Los diccionarios de competencias, descripciones de puestos de trabajo y evaluaciones de rendimiento en ocupaciones a los que podamos tener acceso también nos aportarán información sobre las discrepancias entre las competencias actuales de las personas y las que serían recomendables.

Será necesario escoger y estructurar la información escrupulosamente de la que podamos disponer, para que pueda aportar contenido significativo al análisis.

Fuentes personales

Nos van a permitir obtener información sobre los puntos de vista, opiniones e intereses de las personas y colectivos a los que se dirige el diseño del plan. El grado de profundidad del conocimiento va a depender de la persona en cuestión que nos aporte la información y de la perspectiva que se aplique para el análisis de los datos obtenidos.

Las técnicas o herramientas más usadas para la detección de necesidades son las siguientes:

- **Entrevista.** Se trata de una conversación formalizada que se realiza con el objetivo de obtener información relevante para el análisis. Generalmente, en una entrevista participan dos personas, además de la persona entrevistada, ya que una tiene la responsabilidad de conducir la entrevista y otra la de tomar notas. En este sentido, las herramientas digitales pueden ayudarnos, ya que las entrevistas pueden ser grabadas, por lo que podremos volver a retomar y analizar la información aportada por el entrevistado y se puede realizar contando con un entrevistador y un entrevistado.
  Existen dos grandes tipos de entrevista: **la estructurada y la semiestructurada,** la diferencia principal consiste en el grado de estructuración interna de la entrevista, la rigidez, el orden y secuenciación de las preguntas. La aplicación de un tipo de entrevista u otro va a depender de las características del análisis que necesitemos llevar a cabo, cuanto más estructurada sea la entrevista, mejor podrá ser el procesamiento de las respuestas y más garantías tendrá la comparación de los resultados de una persona a otra.
- **Cuestionario.** Consiste en un conjunto de preguntas, generalmente presentadas por escrito, con el objetivo de tener información sobre uno o más temas. Como en el caso de las entrevistas, pueden ser más o menos estructurados, esto dependerá del carácter abierto o cerrado de las respuestas. Una recomendación frecuente sobre los cuestionarios es la de probarlos antes de usarlos, para evitar errores de interpretación o cuestiones que generen dudas o confusiones. También podemos usar una combinación de preguntas cerradas y abiertas en los cuestionarios.
- **Dinámica grupal.** Consiste en la realización de dinámicas grupales en las reuniones estructuradas de grupos de personas que, bajo la conducción de la persona que las organiza y gestiona, produce un debate sobre las necesidades y objetos de análisis. La conducción de las dinámicas es directiva, habitualmente, se realizan sobre un grupo de 30-40 personas que se subdividen en pequeños grupos de 5-6 personas. El guion de trabajo es flexible e incorpora técnicas para favorecer la interacción y producción de los grupos, usando técnicas de grupos nominales y de grupos focales, por ejemplo.
- **Foros.** Son espacios que permiten al alumnado o sujetos de análisis de las necesidades el intercambio de la información, así como adquirir conocimientos y mejorar su interacción social, mediante las ideas y las aportaciones.
  Los foros virtuales permiten una lectura más detenida y pausada con lo que mejora la consistencia de la intervención, posibilita la consulta y aporta una reflexión más preparada.
  Arango (2003) realiza una división de los foros en 3 tipos:

  - **Foros de diálogo sociales:** se caracterizan por las conversaciones informales y la necesidad de compartir experiencias.
  - **Foros de diálogo argumentativos:** se caracterizan por la defensa de puntos de vista personales, no necesariamente compartidos por los otros integrantes del foro.

- **Foros de diálogos pragmáticos:** se pone en juego el conocimiento de todas las personas integrantes para construir desde los diferentes puntos de vista, acuerdos o significados sobre un mismo hecho.

Debemos tener en cuenta que para la realización y puesta en práctica de todas estas herramientas tenemos la posibilidad de usar los medios digitales y las TIC, que nos ayudarán a realizar el análisis en diferentes sentidos.

Carmen es profesora en un centro privado de formación profesional, desde su departamento le han encargado realizar el análisis del contexto para obtener los objetivos educativos, en concreto, necesitan conocer las necesidades de empresas de la zona donde algunos de los alumnos están ya realizando prácticas empresariales, con el objetivo de poder mejorar el proceso de aprendizaje en relación con la empleabilidad de los mismos. Tiene el contacto de 6 empresas que trabajan en el mismo sector. ¿Qué herramienta podría usar Carmen para conocer de primera mano estas necesidades?

Solución

La mejor opción sería la entrevista. En primer lugar, el número de empresas que hay que contactar no es demasiado elevado y, de esta manera, podría ajustarse a los horarios y conveniencias de la empresa, además de poder obtener un mayor volumen de información que con otro medio.

4. Identificación de claves para una correcta redacción de objetivos

HILO CONDUCTOR

Metidas de lleno en el planteamiento de la reformulación de la acción formativa, tanto Laura una serie de tutora deben dar comienzo a la redacción de los objetivos, para ello deberán seguir una serie de pautas, Laura tendrá que conocer entre conceptos cuáles son los criterios para su redacción.

Zabala, en 1991, los define como "la ayuda para desarrollar con mayor calidad y eficacia el proceso educativo". Los objetivos son los que guían la acción docente y los que constituyen las metas que ha de alcanzar el alumnado al finalizar el proceso.

4.1. Criterios formales para la redacción de objetivos

Las **características** que deben contener los objetivos para una correcta redacción son las siguientes:

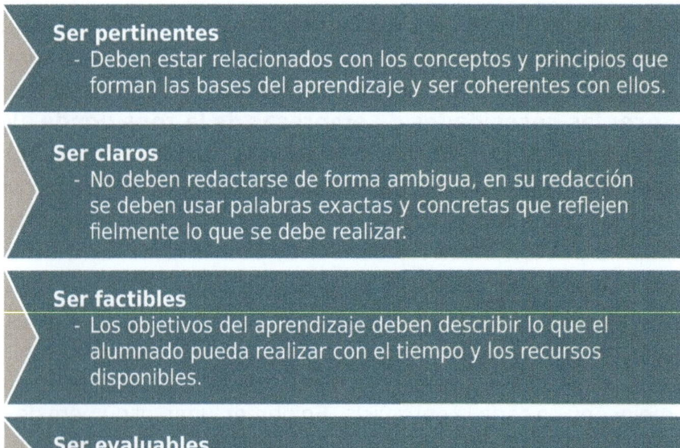

El **procedimiento para la redacción de los objetivos** se ajustará a los siguientes pasos:

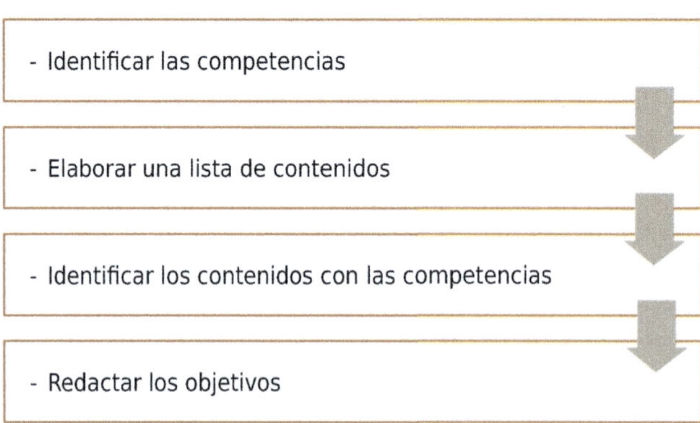

4.2. Objetivos según la Taxonomía de Bloom

Bloom desarrolló una jerarquía de los objetivos educativos, dividiéndolos en tres ámbitos: cognitivo, afectivo y psicomotor.

La **taxonomía de Bloom** se centra en el desarrollo del ámbito cognitivo, proponiendo la siguiente jerarquía:

Taxonomía de Bloom
Ámbito cognitivos

Evaluación	Nivel de complejidad ALTO
Síntesis	↕
Análisis	
Aplicación	
Comprensión	
Conocimiento	Nivel de complejidad BAJO

Sin embargo, posteriormente, sufrió una revisión por parte de Anderson y Krathwohl que en 2001 la establecen del siguiente modo:

Taxonomía de Bloom
Revisada por Anderson y Krathwohl

Crear	Nivel de complejidad ALTO
Evaluar	↕
Analizar	
Aplicar	
Comprender	
Recordar	Nivel de complejidad BAJO

En el siguiente documento puede comprobar la Taxonomía de objetivos de Bloom.

← Procesos cognitivos de orden inferior → Procesos cognitivos de orden superior →

	Recordar	Comprender	Aplicar	analizar	Evaluar	Crear
	Recordar hechos/datos sin necesidad de entender. Se muestra material aprendido previamente mediante el recuerdo de términos, conceptos básicos y respuestas.	Mostrar entendimiento a la hora de encontrar información del texto. Se demuestra compresión básica de hechos e ideas.	Usar en una nueva situación. Resolver problemas meditante la aplicación del conocimiento, hechos o técnicas previamente adquiridas en una manera diferente.	Examinar en detalle. Examinar y descomponer la información en partes identificando los motivos o causas; realizar inferencias y encontrar evidencias que apoyen las generalizaciones.	Justificar. Presentar y defender opiniones realizando juicios sobre la información, la validez de ideas o la calidad de un trabajo basándose en una serie de criterios.	Cambiar o crear algo nuevo. Recopilar información de una manera diferente combinando sus elementos en un nuevo modelo o porponer soluciones alternativas.
Palabras clave	Elegir Copiar Definir Decir Citar Leer Quién Recitar Cómo Por qué Observar Omitir Rastrear Cuándo Repetir Ralacionar Listar Escribir Dónde Reconocer Mostrar Deletrear Afirmar Duplicar Qué Nombrar Repetir Localizar Memorizar	Preguntar Generalizar Clasificar Comparar Contrastar Parafrasear Informar Inferir Interpretar Explicar Expresar Traducir Esquematizar Predecir Dar ejemplos Relacionar Ilustrar Demostrar Discutir Revisar Mostrar Resumir Observar	Actuar Identificar Calcular Entrevistar Enseñar Usar Conectar Planear Simular Hacer uso Emplear Seleccionar Elegir Planear Transferir Demostrar Dramatizar Manipular Seleccionar Practicar Agrupar Resumir Desarrollar Interpretar Categorizar Construir Resolver Unir Organizar	Examinar Centrarse Razonar Inferencia Comparar Dividir Buscar similitudes Inspeccionar Simplificar Preguntar Elegir Esablecer Encuestar Priorizar Agrupar Destacar Distinguir Motivar Encontrar Asumir Causa-efecto Aislar Reorganizar Diferenciar Descomponer Investigar Categorizar Ordenar Poner a prueba Observar	Medir Evaluar Decidir Apoyar Defender Justificar Criticar Juzgar Valorar Opinar Premiar Debatir Explicar Comparar Percibir Probar Influir Demostrar Argumentar Testar Convencer Deleccionar Deducir Recomendar Estimar Persuadir	Adaptar Añadir Construir Cambiar Combinar Componer Compilar Crear Descubrir Diseñar Originar Estimar Experimentar Extender Formular Hipotetizar Innovar Mejorar Maximizar Minimizar Modelar Modificar Elaborar Planear Testar Sustituir Reescribir Suponer Teorizar Pensar Simplificar Porponer Visualizar Desarrollar Transformar
Acciones	Describir Encontrar Identificar Listar Localizar Nombrar Reconocer Recuperar	Clasificar Comparar Ejemplificar Explicar Enferir Interpretar Parafrasear Resumir	Desempeñar Ejecutar Implementar Usar Emplear Realizar	Atribuir Deconstruir Integrar Organizar Esquematizar Estructurar	Atribuir Comprobar Deconstruir Integrar Organizar Esquematizar Estructurar	Construir Diseñar Trazar Idear Planificar Producir Hacer
Resultado	Definición Hechos Etiquetado Listado Cuestionario Reproducción Test Cuaderno Fotocopia	Colección Ejemplos Explicación Etiquetado Listado Esquema Cuestionario Resumen Muestra y cuenta	Demostración Diario Ilustraciones Entrevista Interpretación Simulación Presentación Dibujo	Reseña Gráfica Lista de control Base de datos Gráfico Informe Encuesta Hoja de cálculo	Reseña Gráfica Base de datos Informe Hoja de cálculo Encuesta	Anuncio Película Juego Dibujar Plan Proyecto Canción Historia Producto audiovisual
Preguntas	¿Puedes enumerar...? ¿Puedes recordar...? ¿Puedes seleccionar..? ¿Cómo ocurrió...? ¿Cómo es...? ¿Cómo describirías...? ¿Podrías explicar...? ¿Cómo mostrarias...? ¿Qué es...? ¿Cuál...? ¿Quién fue...? ¿Quiénes fueron los principales...? ¿Por qué...?	¿Puedes explicar que está ocurriendo...? ¿Cómo clasificarias...? ¿cómo compararías/ contrastarías...? ¿Cómo podrías parafrasear el significado de...? ¿Cómo resumirías...? ¿Qué puedes decir sobre...? ¿Cuál es la mejor respuesta...? ¿qué afirmaciones apoyan...? ¿Podrías afirmar o interpretar en tus propias palabras...?	¿Cómo usarías...? ¿Qué ejemplos sobre... puedes encontrar? ¿Cómo organizarías... para presentar...? ¿Cómo aplicarías lo que has aprendido para desarrollar...? ¿qué enfoque usarías para...? ¿qué aspectos seleccionarias para mostrar...? ¿qué preguntas harías en una entrevista...?	¿Cuáles son las partes o rasgos de...? ¿En qué aspectos está... ¿Relacionado/a con...? ¿Qué motivo hay para...? ¿Puedes hacer un listado de las partes...? ¿Qué ideas justifican...? ¿Qué conclusiones extraes de...? ¿Qué evidencias de... encuentras? ¿Puedes distinguir entre...? ¿Cuál es la relación entre...? ¿Cuál es la función de...?	¿Estás de acuerdo con...? ¿Cuál es tu opinión sobre...? ¿Cómo comprobarías...? ¿Sería mejor si...? ¿Por qué ese personaje...? ¿Cómo valorarías...? ¿Cómo determinarías...? ¿Cómo priorizarías...? ¿Qué información podrías para apoyar tu punto de vista? ¿Cómo justificarías...? ¿Qué datos te llevaron a esa conclusión? ¿Qué elección hubieras tomado si...?	¿Qué cambios harías para...? ¿Cómo mejorarías...? ¿Qué pasaría si...? ¿Podrías proponer una alternativa? ¿Puedes elaborar... basándote en...? ¿De qué forma evaluarías...? ¿Podrías formular una teoría alternativa? ¿Qué harías para maximizar/ minimizar...? ¿Cómo pondrías a prueba...? ¿Podrías construir un modelo que cambie...? ¿Se te ocurre un modo original para...? ¿Cómo cambiarías el guión/plan? ¿Cómo adaptarías... para...?

NOTA

Debemos recordar que en las acciones formativas establecidas en cada título de formación profesional se describen los objetivos generales y los objetivos específicos para cada módulo formativo.

APLICACIÓN PRÁCTICA

Mario está estudiando en un ciclo formativo de grado medio de electrónica de vehículos, recientemente, su profesora les ha traído un coche con una avería en el sistema eléctrico. Relaciona los dos supuestos siguientes con el tipo de proceso cognitivo al que corresponde.

- **Esta avería es la que han visto en clase el día anterior y debe poner en práctica su conocimiento para solucionarla.**
- **Una vez que Mario ha arreglado la avería, su profesora le pide que realice una mejora en el sistema eléctrico del coche para que no vuelva a suceder.**

Solución

Durante la reparación, Mario debe usar un proceso cognitivo de orden inferior, ya que está aplicando los conocimientos adquiridos. En la mejora, Mario está aplicando un proceso cognitivo de orden superior, ya que está creando una versión mejorada.

5. Selección y curación de contenidos

HILO CONDUCTOR

Una vez han seleccionado y redactado de forma coherente y concisa los objetivos de la nueva acción formativa de Asistencia a la Dirección, toca ponerse

Continúa en página siguiente >>

<< Viene de página anterior

manos a la obra con los contenidos. Para ello, Laura sabe que en las acciones formativas vinculadas a la formación profesional, los títulos de los contenidos mínimos están establecidos en el propio título, no obstante, investigará cómo va a realizar la selección de los mismos y su organización en la acción formativa.

La selección de contenidos didácticos se centra en el proceso de identificar **cuál es la información relevante o la competencia que se desea adquirir durante el proceso de enseñanza-aprendizaje,** poder seleccionar y filtrar los contenidos nos permitirá llegar a los objetivos de aprendizaje. Para ello existen una serie de criterios que deben seguirse.

Contenidos

Conjunto de conocimientos, habilidades o destrezas y actitudes que contribuyen al logro de los objetivos de cada enseñanza y a la adquisición de competencias. Los contenidos podrán ser: conceptuales, procedimentales o actitudinales.

5.1. Criterios para seleccionar y filtrar contenidos

Llamamos **curación de contenidos educativos** o didácticos al proceso de búsqueda, filtrado, selección y desarrollo de los contenidos de las acciones formativas.

Existen dos principios fundamentales que se deben tener en cuenta para la selección de los contenidos:

Principio de economía de la enseñanza	Principio de coherencia
- Según este principio tendremos que entender que no es posible incluirlo todo, ni merece la pena.	- Todos los aprendizajes deben ser coherentes entre sí.

IMPORTANTE

Los contenidos podrán ser conceptuales, que son los referidos a conocimientos teóricos, procedimentales, referidos al desarrollo de habilidades o procedimientos prácticos y actitudinales referidos al desarrollo de actitudes normas y valores.

Además de estos dos principios, podremos establecer una serie de criterios para realizar la selección de los contenidos más apropiados:

- Criterio de congruencia o idoneidad con los objetivos educativos.
- Criterio de significatividad y reelaboración, para lo que se debe partir de las experiencias más próximas al alumnado.
- Criterio de adecuación a los intereses y necesidades del alumnado.
- Criterio de utilidad y coherencia con las demandas y necesidades.

5.2. Repositorios digitales de recursos educativos abiertos: REA y OER

Los **repositorios** son sistemas de información que sirven para preservar y organizar materiales científicos y académicos, se usan tanto para apoyar la investigación y el aprendizaje, como para garantizar el acceso a la información.

Incluyen cursos y programas curriculares, módulos didácticos, guías de estudiante, libros de texto, artículos de investigación, vídeos, pódcast, herramientas de evaluación, materiales interactivos, simulaciones, bases de datos, *softwares,* aplicaciones y cualquier otro material educativo diseñado para ser utilizado en la enseñanza y aprendizaje.

Tipos de repositorios educativos	**Ejemplos**	
Instituciones propulsoras o financiadoras	Gobiernos	*ERIC (Education Resources Information Center), US Dept of Education Namcol (Namibian College of Open Learning)*
	Universidades	*OpenLearn, Open University, UK* *Open Content, University of Cape Town*
	Instituciones educativas	*OER Commons* *Institutte for the Study of know*
	Fundaciones	*Connexions, financiado por varias fundaciones*
	Consorcios	*Materials Docents en Xarxa (MDX) y Tesis Dcotorals en Xarxa (TDX), Consortium for Educatiional Communication, India*
Formato de los contenidos	Audiovisuales	*EUScreen* *EduTubePlus*
	Multimedia	*Multimedia Teaching Objects*
Cobertura geopolítica	Regionales	*Edu365 y Merli, Dept. Ensenyament, Generalitat de Catalunya*
	Estatales	*Federaciones de repositorios con recursos educativos:* *Agrega,* España *Jorum,* UK *NDLR,* Irlanda *Merlot,* EUA *Lornet,* Canadá *NIME,* Japón *EdNA Online,* Australia
	Internacionales	*Ariadne* *OER África* *Globe (Global Learning Objects Brokering Exchange)*
Contenido depositado	OCW (exclusivamente)	*OCW MIT, Nptel, eGyankosh, Doshisha University OCW, Tuffs OCW, OCW National University of Columbia*
	OERs por temáticas	*Health Digital Repository (salud)* *FETP OCW (economía)* *AgEcon (agricultura)* *BerkleeShares (música)*
	Buscadores de OERs	*OER Commons* *Folksemantic* *Discover Ed*

Ejemplos de repositorios. Fuente UMA

Fueron denominados **Recursos Educativos Abiertos,** en inglés *Open Educational Resources,* por la Unesco en 2002.

Las principales características de los REA son:

- **Accesibilidad.** Permite la posibilidad de localizarlo y usarlo en cualquier momento.
- **Reusabilidad.** Hace referencia a la posibilidad de modificarlo y utilizarlo en diferentes contextos del aprendizaje.
- **Interoperabilidad.** Deben poder adaptarse a diferentes dispositivos y sistemas.
- **Sostenibilidad.** Deben asegurarse un correcto funcionamiento, aunque cambien las versiones de los sistemas y las aplicaciones.
- **Metadatos.** Se trata de descripciones que facilitan su almacenamiento y recuperación en repositorios de recursos.

Los REA incluyen diferentes tipos de materiales:

- **Contenidos formativos.** Contienen cursos completos, *softwares* educativos, módulos de contenido, recopilaciones, etc.
- **Herramientas.** Consisten en diferentes *softwares* para poder desarrollar, reutilizar y entregar el contenido formativo.
- **Recursos de implementación.** Son licencias de propiedad intelectual, diseños de principios de buenas prácticas, traducción de contenidos, etc.

Para saber más sobre los REA puede hacer desde aquí:

https://redirectoronline.com/ssce310202

Una de las principales características de los REA es su **tipo de licencia,** ya que son recursos educativos que incluyen una licencia que facilita su uso, su adaptación y que les hacen accesibles para ser compartidos, sin necesidad de ser autorizados previamente por su autor.

IMPORTANTE

La propiedad intelectual es una cuestión clave para los REA, ya que los contenidos están preparados para ser compartidos.

Con respecto a las licencias para el uso existen varios tipos:

- **Copyleft.** Permite libre distribución de copias y versiones modificadas de una obra, exigiendo que los mismos derechos sean preservados en las versiones.
- **Public Domain.** Situación de una obra al expirar el plazo de protección del derecho de autor, que implica que pueda ser explotada por cualquier persona, pero siempre respetando los derechos morales de sus autores.
- **Creative Commons.** El autor que somete su obra a una licencia Creative Commons (CC) retiene la titularidad sobre la misma, pero consiente, a través de las licencias, ceder algunos de esos derechos.

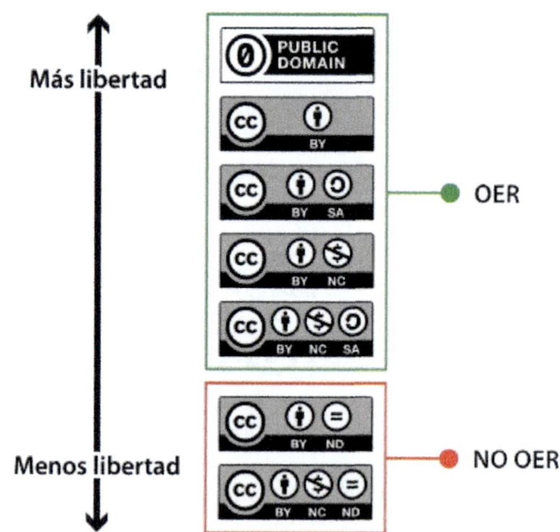

Licencias CC y OER. Siguiendo a Cable Green, hay cuatro licencias Creative Commons que permiten la modificación y creación de obras derivadas, es decir, la reutilización, que es la esencia de los "auténticos" OER o REA, aunque cada una de ellas con una determinada condición.

5.3. Recursos digitales para filtrar, organizar información y contenido: *Feedly, Pocket, Reddit* entre otros

Existen multitud de recursos digitales que nos permiten filtrar y organizar la información y los contenidos educativos, no obstante, es necesario establecer una serie de criterios para realizar la selección de dichos recursos. Los criterios son los siguientes:

- **Autoridad.** Hace referencia a la persona responsable del sitio, el nivel de autoridad del responsable del sitio da cuenta de su legitimidad para opinar, escribir o trabajar sobre un contenido en concreto, este indicador permite obtener la fiabilidad de la información que se da en un sitio. Nos puede dar información sobre este indicador la adscripción del autor, la información sobre el mismo, el medio de contacto y el logotipo de su organización.
- **Selección de contenidos.** Este indicador nos va a servir para evaluar si la selección del contenido y el tratamiento del mismo es el adecuado. Se refiere a la validez de los contenidos y a la información. Nos va a transmitir la exactitud, precisión y rigor de estos. Para ello se pueden realizar comparaciones con otras fuentes.
- **Actualización.** Se puede comprobar este indicador a través de la incorporación periódica o no de nueva información al sitio, comprobando la fecha de creación, la fecha de actualización, la información actualizada, la existencia de enlaces obsoletos y la existencia de enlaces incorrectos.
- **Navegabilidad.** Se refiere a la facilidad con la que el usuario puede moverse a través del contenido, si el sitio es claro, sencillo y comprensible, la navegación será autónoma y veloz. Para comprobarlo podremos medir el diseño funcional y atractivo, la combinación de colores y formas, la homogeneidad de estilo y formato y el diseño compatible con diferentes navegadores.
- **Fuentes de información en línea.** Si la información y contenidos son seleccionados a través de buscadores académicos, bases de datos de bibliotecas, portales de revistas, catálogos y libros digitales.
- **Tipos de licencia:** Se deberá tener en cuenta que no todos los contenidos colgados en internet son libres de propiedad intelectual. En el caso del profesorado, hay que contar con que puede usar las publicaciones sujetas a propiedad intelectual, siempre que se cumplan las siguientes condiciones:

    1. La utilización de la obra debe ser únicamente con fin ilustrativo de sus actividades educativas.
    2. Ha de citarse el nombre de la persona autora y la fuente.
    3. No debe tener ningún tipo de finalidad comercial.

4. Complementariamente, el profesorado también podrá reproducir una obra en sus clases, por ejemplo, podrá fotocopiar y entregar una copia a su alumnado. Esta reproducción está admitida, siempre y cuando se cumplan las siguientes condiciones:

   a. La extensión reproducida no es superior al 10 % del total de la obra (un capítulo, un artículo, etc.).
   b. Únicamente se distribuye entre el alumnado para una actividad concreta.

Algunas de las herramientas de selección y filtrado de contenido más usadas son las siguientes:

Feedly

Se trata de un lector de noticias y blogs que permite visualizar diferentes páginas webs que se añaden de forma manual.

Es un lector de RSS que permite organizar y acceder rápidamente a todas las noticias y actualizaciones en las demás páginas o recursos que se hayan incluido.

DEFINICIÓN

Los RSS *(Really Simple Syndication)*
Formato XML para distribuir contenido en la web. Se utiliza para difundir información actualizada frecuentemente a usuarios que se han suscrito a la fuente de contenidos.

Permite la organización de todos los contenidos, de manera que facilita a la persona usuaria ahorrar tiempo al no tener que revisar todas las fuentes de noticias.

Puedes acceder a Feedly desde aquí:

https://redirectoronline.com/ssce310203

Pocket

Se trata de otro agregador de contenidos que permite a los usuarios guardar el contenido de un determinado sitio de internet y subirlo a su nube para ser leído, posteriormente, sin conexión.

Pocket, además, realiza una revisión y selección de los caracteres innecesarios de los artículos para facilitar la posterior lectura de los mismos y adaptarse al tipo de dispositivo que se esté usando para la lectura.

Se estructura en dos partes fundamentales, una portada donde aparecen los elementos guardados, los favoritos, etc. y recomendaciones, que consiste en un listado de artículos recomendados por la aplicación.

En esta aplicación los contenidos aparecen en tres categorías, para poder acceder más fácilmente al tipo de contenidos: artículos, vídeos e imágenes.

Puedes acceder a Pocket desde aquí:

Continúa en página siguiente >>

<< Viene de página anterior

https://redirectoronline.com/ssce310204

Reddit

Se trata de un sitio web que aglutina marcadores sociales y noticias, donde las personas usuarias pueden añadir texto, imágenes, vídeos y/o enlaces. En Reddit, los usuarios pueden votar a favor o en contra de los contenidos, haciendo con ello que haya publicaciones que aparezcan como destacadas. Además, contiene espacios donde las personas usuarias pueden debatir sobre los contenidos publicados a favor o en contra de los comentarios de otras personas usuarias.

Por último, hay que destacar que contiene *subreddits,* que son las áreas de interés de cada usuario, donde se organizan las discusiones sobre Reddit.

PARA SABER MÁS

Puedes acceder a Reddit desde aquí:

https://redirectoronline.com/ssce310205

Buffer

Se trata de una herramienta que permite la difusión de los contenidos ya curados, solo hay que vincularla a las redes sociales: *X, LinkedIn, Facebook, Instagram,* etc.

En su versión gratuita se puede conectar un perfil por cada red social y programar un máximo de 10 publicaciones por cada una de ellas.

PARA SABER MÁS

Puedes consultar Buffer y comenzar a trabajar con él accediendo desde aquí:

https://redirectoronline.com/ssce310206

6. Organización y secuenciación de contenidos

HILO CONDUCTOR

En el módulo formativo de Asistencia a la Dirección, Laura ha visto cómo realizar el análisis del contexto, que ha cambiado bastante desde el diseño anterior, por lo que, una vez seleccionados los objetivos, que ya están establecidos en el real decreto donde se publica el título, Laura y la profesora se pondrán manos a la obra con la organización y secuenciación de los contenidos, ya que, al cambiar el contexto, será necesario dar un giro importante.

La organización y secuenciación de los contenidos de aprendizaje constituyen un punto fundamental en el diseño de los procesos de enseñanza aprendizaje.

La organización y secuenciación deberá responder a **tres propósitos** (Esteban, M. y Zapata, M., 1992):

1. Responder a las necesidades específicas del alumnado en un determinado contexto.
2. Ser coherente con la institución, el centro y el programa formativo.
3. Incluir los elementos del currículum establecido por la Administración competente para el programa formativo.

Los criterios para realizar la organización y secuenciación de los contenidos responderán a lo siguiente:

- **Progresión.** Progresión de los contenidos por áreas, cursos, programas o niveles formativos. Esta progresión no será solo lineal, atendiendo a la repartición de la cantidad de contenidos en unidades de tiempo o por su naturaleza, sino que podrá ser también en espiral, recurrente, o basada en la resolución de problemas, siempre teniendo en cuenta un eje globalizador.
  El diseño de los procesos de aprendizaje en cada una de las unidades, áreas, módulos o niveles, tendrá que incluir tanto los contenidos de enseñanza como los objetivos educativos que se pretenden alcanzar en esa unidad, área, módulo o nivel.
- **Integral.** Los contenidos han de orientarse a la formación integral de todo el alumnado, puesto que al incorporar unos determinados contenidos para trabajar un área o materia correspondiente también se van a desarrollar capacidades y habilidades correspondientes al desarrollo personal del alumnado en esa etapa.
- **Significativos.** Los contenidos deberán ser significativos, el centro de procesos es el propio alumnado, y deberá ser el responsable de la construcción de su propio conocimiento.
- **Diversidad.** Deben atender a la diversidad del alumnado, con respecto a sus capacidades, habilidades e intereses.

Para los módulos de formación profesional se tendrá en cuenta que los contenidos educativos deberán estar vinculados a los resultados de aprendizaje que se nos proponen en cada título, por lo que se podrá establecer una tabla como la que se muestra a continuación:

Resultados de aprendizaje 1		
Objetivos específicos	**Contenidos mínimos anexo I de Orden del título**	
Objetivo 1.1		
Objetivo 1.2		
...		
Objetivo 1.n		
Resultados de aprendizaje 2		
Objetivo 2.1		
Objetivo 2.2		
...		

6.1. Enfoques de presentación

La presentación de los contenidos deberá estar organizada en torno a un **organizador previo o epítome,** la elección de un organizador previo se considera un instrumento muy eficaz para potenciar la estructura cognitiva del alumnado, favorecer la retención de nuevas informaciones y ayudar al alumnado en el proceso de interrelacionar adecuadamente los conocimientos previos con los conceptos fundamentales de los nuevos contenidos de enseñanza.

DEFINICIÓN

Organizador previo o epítome
Conjunto de ideas fundamentales de la totalidad sobre lo que se va a trabajar.

Los organizadores previos han de servir como enlace entre los conceptos relevantes que ya están en la estructura cognitiva del alumnado y los nuevos contenidos que se van a adquirir por parte de los mismos. Están formados por aquellos conceptos, términos y proposiciones que ya conoce el alumnado y que se pueden presentar fácilmente mediante ejemplos y analogías.

Las propiedades de estos organizadores previos son las siguientes:

1. No incluye todos los elementos del contenido, solo aquellos más importantes y representativos.
2. La secuencia de presentación irá de lo más general a lo más detallado, y de lo más simple a lo más complejo.
3. El organizador previo es en sí un objeto de enseñanza.
4. Debe contener aplicabilidad práctica, para poder ser significativo para el alumnado mediante el uso de ejemplos, ejercicios prácticos o analogías.
5. El organizador previo partirá de un determinado contenido que será el hilo conductor, y podrá ser de tipo conceptual, procedimental o actitudinal.
6. El resto de elementos del contenido que no sean prioritarios se introducirán en el momento adecuado, en función de su relevancia en el proceso de enseñanza-aprendizaje.

Para la elección del organizador previo se seguirán **tres pasos:**

- 1. Seleccionar el contenido de aprendizaje que puede considerarse como organizador previo.

- 2. Seleccionar los elementos del contenido que son fundamentales y representativos.

- 3. Seleccionar el resto de elementos que son importantes para la enseñanza del organizador previo.

IMPORTANTE

Con respecto a los ciclos formativos de formación profesional, el organizador previo será, de forma general, un contenido procedimental. En aquellos módulos asociados a una sola unidad de competencia, esta será su organizador previo. En los módulos formativos que contengan más de una unidad de competencia, será necesario establecer un organizador previo que agrupe todas las unidades de competencia que contengan dicho módulo.

6.2. Tipos de secuenciación: lineal, lineal alterada, espiral o recurrente y elaborativa

Para la organización de los contenidos en las diferentes unidades didácticas podremos usar diferentes tipos de secuencias.

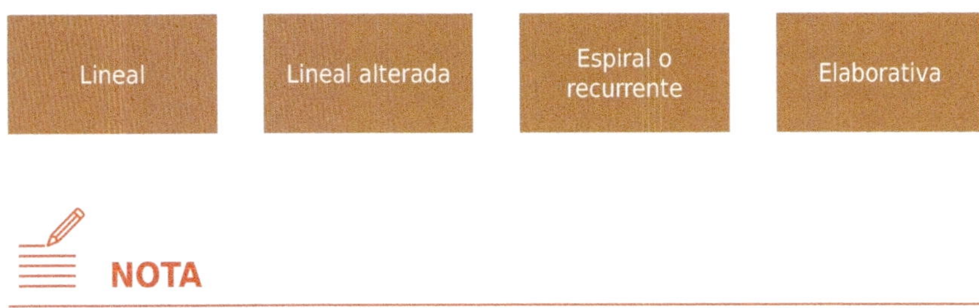

NOTA

El tipo de secuenciación que se recomienda para las acciones formativas de formación profesional es la espiral o recurrente.

Secuencia lineal

Se propone una secuencia en unidades de trabajo de manera equitativa entre los resultados de aprendizaje. Las unidades de trabajo seguirán una secuencia ordenada en el tiempo y se corresponderán directamente con los resultados de aprendizaje establecidos en el currículo. En base a esta secuencia, cada contenido se desarrolla de forma independiente.

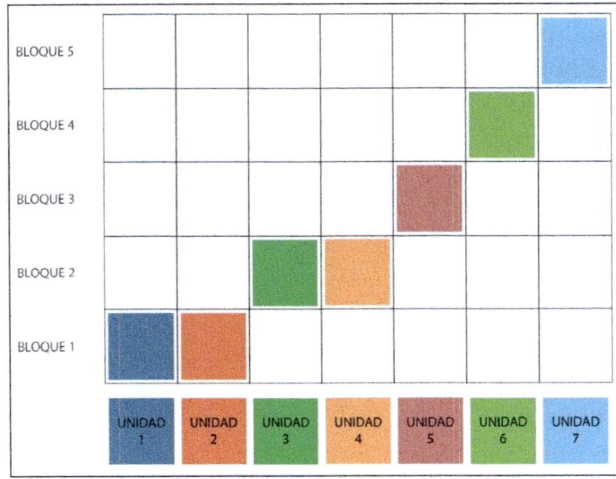

Ejemplo de secuencia lineal de los contenidos educativos

Secuencia lineal alterada

En este tipo de secuencias no existe una estructura equitativa y relacional entre las unidades de trabajo y los resultados de aprendizaje, ya que, mientras un resultado de aprendizaje puede ser trabajado desde varias unidades de trabajo, otros se trabajarán únicamente desde una unidad o parte de ellas. El criterio que sigue este tipo de secuencia es **la temporalidad,** ya que pretende dar una uniformidad temporal a las unidades de trabajo y no a la cantidad de contenidos que se trabajan.

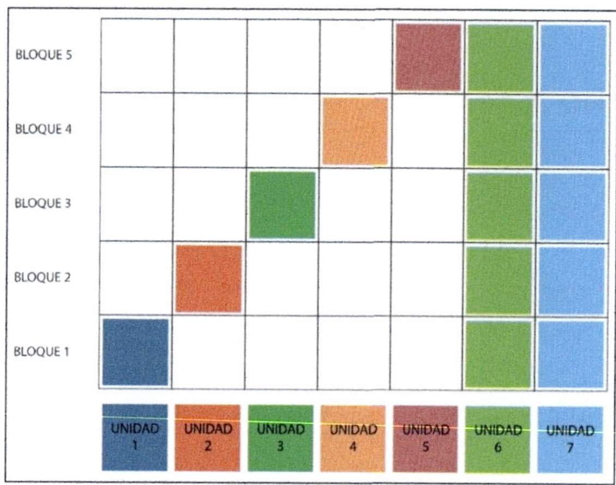

Ejemplo de secuencia lineal alterada de los contenidos educativos

Secuencia lineal acumulativa

Este tipo de secuencia está basada fundamentalmente en el principio de acumulación de los aprendizajes y supondrá que cada unidad de trabajo no solo esté conformada por contenidos nuevos, sino que se incluyan también contenidos de unidades anteriores. De manera que el elemento fundamental serán **los conocimientos previos** del alumnado.

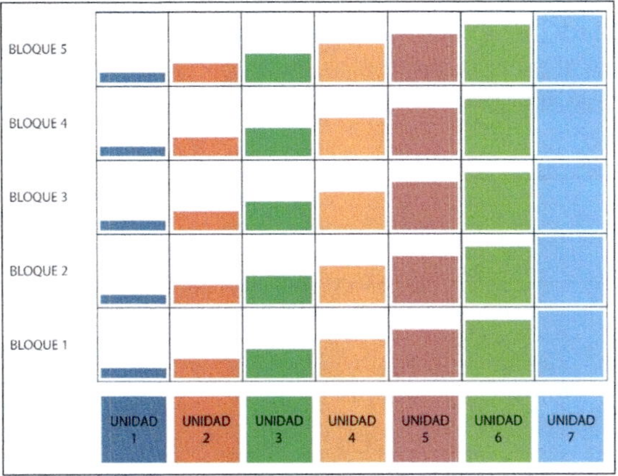

Ejemplo de secuencia lineal acumulativa de los contenidos educativos

Secuencia en espiral o recurrente

En este tipo de modelos de secuencia se consideran los contenidos de forma lineal, pero a su vez se complementan con otras unidades que pueden coincidir o no en el tiempo, con las que se integran y se da una relación que nos ayudará en el desarrollo de los contenidos.

Por un lado, tendremos los modelos en espiral de secuencia mixta sin coincidencia en el tiempo, donde los contenidos integradores se trabajan *a posteriori,* sin coincidir en el tiempo.

	1er trimestre			**2º trimestre**			**3er trimestre**		
	UT 1 Sept	***UT 2 Oct***	***UT 3 Nov***	***UT 4 Dic***	***UT 5 Ene***	***UT 6 Feb***	***UT 7 Mar***	***UT 8 Abr***	***UT 9 May***
RA 1	S			○				○	○
RA 2		S		○				○	○
RA 3			S	○				○	○
RA 4					S		○	○	○
RA N						S	○	○	○

Ejemplo de secuencia en espiral de los contenidos educativos

Por otro lado, se encuentran los modelos de **secuencia mixta** con coincidencia en el tiempo o en paralelo. En ellos se plantean las unidades o contenidos integradores de forma paralela a la secuencia lineal de las unidades de trabajo.

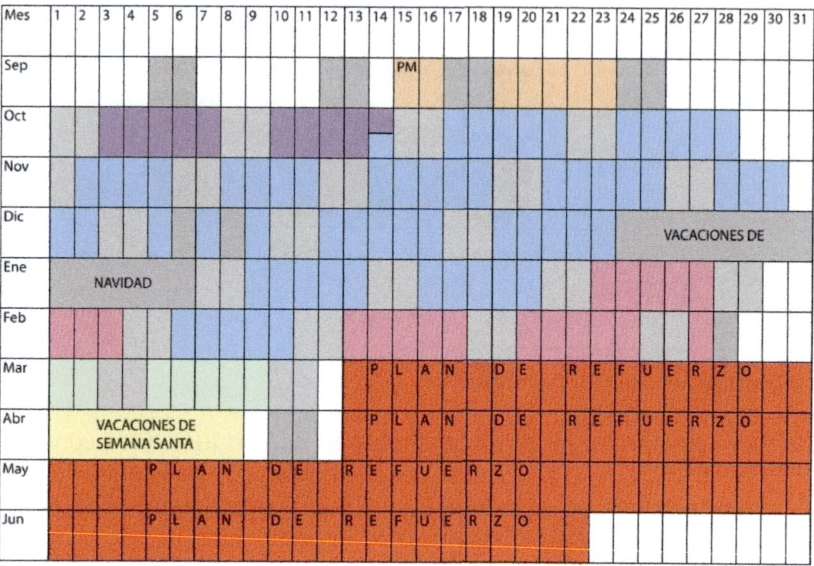

Ejemplo de secuencia mixta de los contenidos educativos

Secuencia elaborativa

Siguiendo el modelo de secuencia elaborativa, los contenidos más simples y generales se trabajarán de forma inicial, para, posteriormente, ir incrementando el grado de complejidad en los mismos. Para dar comienzo, se llevará a cabo una presentación general para seguir con las elaboraciones de las unidades de contenido por separado, retomando la presentación general tantas veces como sea necesario para el alumnado. Esta presentación se finalizará con la realización de un resumen y un análisis.

El alumnado abordará los contenidos partiendo de sus conocimientos previos, por lo que se representa un tipo de secuencia con mucha flexibilidad.

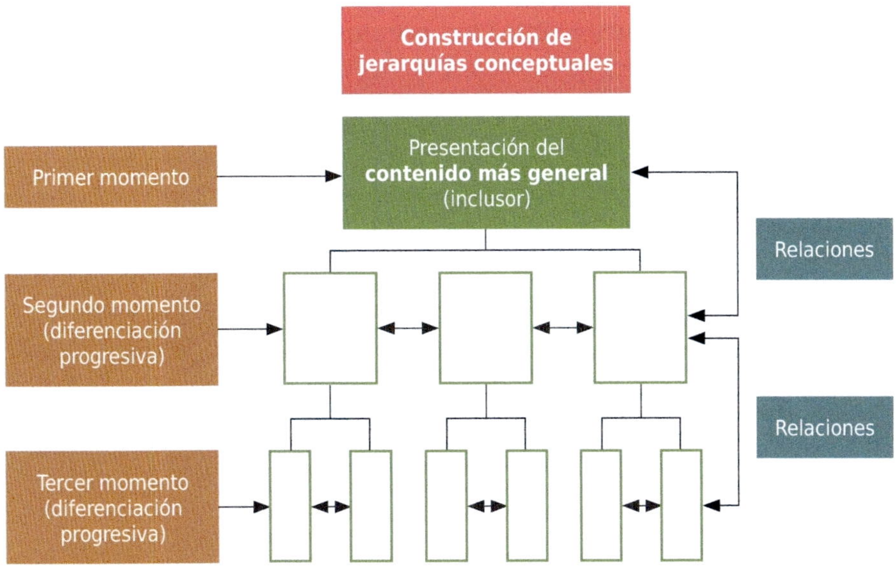

RED. Revista de Educación a Distancia, 50, Art. 11. 30-Sep-2016, Zapata Ros, M. Universidad de Murcia.

TAREA 3

Dentro de la familia de servicios socioculturales y a la comunidad encontramos el módulo formativo de formación profesional básica en actividades domésticas y limpieza de edificios.

Organiza los siguientes contenidos en orden de una secuencia elaborativa, para una acción formativa por medios digitales y teniendo en cuenta los principios de organización de los contenidos.

Procedimientos de planchado de ropa:

- Proceso de planchado.
- Fases del proceso de planchado. Utilización de accesorios de la plancha y del grupo de planchado.
- Técnicas de planchado manual y con máquina.
- Interpretación del etiquetaje.
- Selección de temperatura plancha eléctrica o grupo de plancha vapor.
- Proceso de colocación en espacios habilitados.
- Normas de seguridad y de minimización de energía en el planchado.
- Mantenimiento de primer nivel, prevención y actuación ante incidentes más comunes en este tipo de máquinas.

6.3. Temporalización: variables temporales

La temporalización de los contenidos hace referencia a la formulación de los contenidos en función de su complejidad y significatividad, además de cualquier otro criterio que deba ser tenido en consideración para indicar el momento en que estos deban ser impartidos. Se trata de la organización de los elementos de dicha programación a lo largo del curso escolar, teniendo en cuenta el calendario, las sesiones de aprendizaje y las horas disponibles.

En el caso de los módulos formativos de formación profesional, el real decreto u orden donde estén publicados nos va a indicar cuáles son los bloques de contenidos, para lo que podremos usar una secuenciación de tipo lineal, en espiral o elaborativa, para alcanzar el objetivo establecido en la correspondiente temporalidad, establecida también por la propia normativa.

En el siguiente caso, se puede comprobar la temporalización para un año académico.

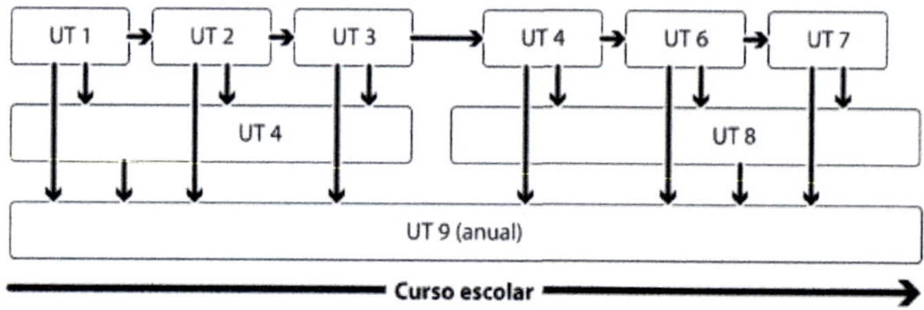

6.4. Tiempos para secuenciación de módulos, tareas, pruebas y evaluaciones

La temporalización debe contener toda la información pertinente para la impartición y el desarrollo de los diferentes módulos formativos, para ello, el módulo formativo se presentará estructurado en base a unidades didácticas, que contendrán toda la información relativa a los objetivos, contenidos, actividades y metodología que se va a usar, así como su correspondiente medio de evaluación.

Establecer un **recorrido didáctico** consistirá en determinar las unidades didácticas que conforman un módulo formativo, su secuenciación y su temporalización. Las unidades didácticas o de trabajo pueden conformar bloques, para facilitar su organización. Para realizar esta división en bloques se buscarán aquellos aspectos o variables que mejor estructuran y presentan a la competencia profesional.

EVALUACIÓN	N.º UT	Título	N.º Horas	Porcentaje
1.ª	1	Introducción Fundamentos generales	6	5
	2	Aplicación y procedimientos de detección de la...	20	15
	3	Interpretación de... con el medio biológico	26	20
2.ª	4	Aplicación de los protocolos de...	12	10
	5	Caracterización de las instalaciones de...	12	10
	6	Gestión del material...	12	10
3.ª	7	Aplicación del plan de garantía de calidad en...	20	15
	8	Aplicación de planes de emergencia en...	20	15
TOTAL			128	100

Ejemplo de temporalización de los módulos formativos

Para mostrar cómo se podría llevar a cabo un ejemplo de la **programación de los módulos,** tareas, pruebas y evaluaciones, podemos ver las siguientes tablas:

BLOQUES DE CONTENIDOS						UNIDADES DIDÁCTICAS SECUENCIADAS	DURACIÓN
B 1	B 2	B 3	B 4	B5	B6		
						UD0: Presentación del módulo.	1h.
X					X	UD1: Caracterización de la madera y distribución forestal.	10 h.
X						UD2: Análisis de las propiedades y alteraciones de la madera y sistemas de protección.	12 h.
X		X			X	UD3: Estudio de los procesos de primera transformación de la madera. Sistemas de certificación.	12 h.
X	X	X				UD4: Selección de productos derivados de la madera.	12 h.
X	X	X				UD5: Caracterización del corcho y primera transformación.	8 h.
X	X	X				UD6: Selección de materiales complementarios de la madera.	11 h.
X	X					UD7: Selección de acabados y protección de la madera.	11 h.
	X			X		UD8: Análisis de los sistemas constructivos en carpintería y mobiliario.	12 h.
		X	X	X	X	UD9: Caracterización de los sistemas de fabricación de elementos de carpintería.	17 h.
		X	X	X	X	UD10: Caracterización de los sistemas de fabricación de elementos de mobiliario.	17 h.
			X			UD11: Análisis de la evolución histórica de los estilos de mobiliario.	9 h.
						TOTAL	132 h.

Bloque 1: Identificación de tipos de madera.
Bloque 2: Criterios para la selección de productos derivados de la madera y materiales complementarios.
Bloque 3: Caracterización de los procesos de transformación de la madera.
Bloque 4: Caracterización de los procesos de fabricación de carpintería y mueble
Bloque 5: Reconocimiento de los principales sistemas constructivos.
Bloque 6: Aplicación de la normativa ambiental referente al uso de la madera

Unidad didáctica nº 0: PRESENTACIÓN DEL MÓDULO							Duración: 1 hora
Objetivos de aprendizaje: 1. Conocer la planificación global de desarrollo del módulo, así como a los miembros del grupo. 2. Comprender los criterios que serán considerados y aplicados por el profesor o profesora en la gestión del proceso formativo. 3. Identificar los derechos y obligaciones como estudiante, en relación con el módulo. 4. Comprender las principales interrelaciones que se dan entre las unidades didácticas del módulo y entre este y los demás que lo constituyen. 5. Identificar los propios conocimientos en relación con los que se deben alcanzar en el módulo.							
CONTENIDOS		Bloques					
		1	2	3	4	5	6
PROCEDIMENTALES	• Análisis de las relaciones existentes entre los módulos del ciclo y las de éste con las cualificaciones que le sirven de referente. • Identificación y registro en el soporte adecuado de los aspectos, normas y elementos que se planteen en torno a cuestiones disciplinares. • Metodológicos, relacionales, etc.						
CONCEPTUALES	• Cualificaciones que constituyen el ciclo y relación con el módulo. • Contribución del módulo al logro de los objetivos del ciclo • Objetivos del módulo • Criterios de evaluación del módulo y de las unidades didácticas.						
ACTITUDINALES	• Valorar la importancia de lograr un consenso en relación con los comportamientos deseados por parte de todos los componentes del grupo, incluido el profesor o la profesora. • Normas y criterios a seguir en el desarrollo del módulo						

ACTIVIDAD					METODOLOGÍA		RECURSOS
QUÉ voy o van a hacer Tipo de actividad	Objetiv. Implicad.	T	QUIÉN		CÓMO se va a hacer	PARA QUÉ se va a hacer	CON QUÉ se va a hacer
			Pr	Al			
A1 Presentación de alumnos y alumnas y profesor o profesora.	1	10 m	x	x	El profesor o la profesora así como los alumnos y las alumnas se presentarán personalmente. El profesor o profesora sugerirá los aspectos que puedan resultar de interés en la presentación, siendo opcional el ofrecer una información u otra.	La finalidad es permitir un conocimiento inicial y romper barreras sociales a efectos de favorecer la comunicación entre los componentes del grupo. Cuando el grupo sea de continuidad, no será necesaria esta actividad.	No se requieren medios especiales para llevarla a cabo
A2. Presentación de los elementos que componen la programación.	2-4	10 m	x	x	El profesor o profesora valiéndose de un esquema o de una presentación utilizando recursos informáticos, si la infraestructura del aula lo permite, realizará una exposición de los elementos que constituyen la programación, horarios, etc	Que los alumnos y las alumnas adquieran una visión global de la programación de la materia del módulo, de su estructura, relaciones, tiempos y duraciones, etc.	Pizarra. Presentación en Power o similar. Cronogramas Fotocopias con la información.
A3. Presentación de los criterios y normas que guiarán la gestión del proceso formativo.	2-3	10 m	x	x	Mediante una exposición verbal apoyada por transparencias u otros elementos el profesor o profesora dará a conocer los criterios de diferente índole que serán utilizados en la gestión del proceso de enseñanza y aprendizaje que se produzcan en el aula. Exámenes, criterios de corrección y evaluación, reglamento de régimen interno, responsabilidades disciplinarias, etc. Se abrirá un tiempo para que todas las dudas puedan ser aclaradas.	El alumnado conocerá, así, y comprenderá el marco académico, social e interrelacional, de modo que pueda ajustar sus intervenciones a dicho marco normativo.	Esta actividad puede hacerse en el salón de clase o en aula taller y no requiere de recursos especiales.
A4-E1 Identificación de los conocimientos previos de los alumnos y de las alumnas en relación con el módulo profesional a cursar.	5	30 m	x	x	Esta actividad se puede desarrollar a través de un diálogo, mediante preguntas del profesor o profesora respondidas por los alumnos y por las alumnas o mediante un cuestionario preparado al efecto en formato de preguntas abiertas o de respuesta múltiple.	Se trata de conocer el punto de partida del conocimiento del alumnado referido a los contenidos que serán desarrollados en el módulo. Este conocimiento permitirá al profesor o profesora reestructurar la	Cuestionarios
						programación, adecuándose a la realidad del grupo y de las individualidades.	
OBSERVACIONES							
• La actividad A1 será suficiente con que se realice en uno de los módulos. El equipo del ciclo se pondrá de acuerdo en determinar en cuál se hará. • La actividad A4 puede mantenerse aunque en cada una de las unidades didácticas se realiza una actividad que incluya una evaluación inicial. En todo caso, ambas actividades son compatibles y complementarias. Puede ser un primer momento para tomar contacto con los conocimientos previos, de modo general, aunque sea en cada unidad donde se haga una incidencia mayor. • En las unidades didácticas de este módulo, las actividades pueden ser de enseñanza y aprendizaje (A) o de evaluación (E). En ocasiones, una misma actividad además de ser de enseñanza y aprendizaje, puede serlo, también, de evaluación. En estos casos se expresará como (An-Em) y serán actividades que participan de la triple naturaleza. La numeración de las A, la (n) y de las E, la (m) es independiente entre sí.							

%	Secuencia de actividades de evaluación	Herramientas de evaluación	RA y CE asociados	Agrupamiento	Temporalización	Recursos	Espacios
6	1. Resolución de un caso práctico del tema	Observación sistemática	RA 3 CE: c	Individual	2 horas	Caso Ficha	Taller
2	2. Exposición de un trabajo del tema	Lista de control	RA 3 CE: d y e	Grupos de 4	15 min / grupo	Cañón	Aula
3	3. Diseño de una maqueta del tema	Escala de valoración	RA 4 CE: a	Grupo clase	3 horas	Material necesario	Taller
4	4. Investigación de campo	Anecdotario	RA 4 CE: a y b	Parejas	2 horas	Material investigación para toma de muestras	Exterior

6.5. Importancia de la flexibilidad

En el contexto de la formación en entornos digitales será fundamental diseñar las programaciones didácticas con una **alta flexibilidad.**

Estos nuevos contextos de trabajo van a implicar una modificación en la centralidad de la enseñanza, donde el docente disminuye su participación en virtud de una mayor autonomía del alumnado, que se encarga de organizar y evaluar sus propios tiempos y avances, mientras el docente actúa como guía y supervisor de dicho proceso.

Una de las formas en las que se produce este cambio de centralidad en el proceso educativo se basa en el concepto de itinerario flexible de aprendizaje.

IMPORTANTE

Estos itinerarios responden a la necesidad de guía del alumnado por los contenidos, procesos y actividades, al mismo tiempo que proporcionan suficiente flexibilidad para que el estudiante ejerza autonomía en su propio proceso de aprendizaje.

La elaboración de **los itinerarios de aprendizaje** va a facilitar también a los docentes la organización de los contenidos académicos y de los objetos de aprendizaje, promoviendo, al mismo tiempo, la mayor participación del alumnado en los procesos.

DEFINICIÓN

Itinerarios flexibles de aprendizaje
Son un recorrido por el cual una persona puede navegar por un determinado contenido o materia conduciéndolo hacia el conocimiento.

En un itinerario formativo se dispondrán las diferentes actividades de aprendizaje en un orden determinado y con unos elementos de conocimiento tales que el alumnado pueda estudiar fácilmente la materia. Estos itinerarios constituirán secuencias de aprendizaje que permitirán la elaboración de un **aprendizaje significativo.**

7. Identificación de actividades y estrategias de aprendizaje

HILO CONDUCTOR

Una vez Laura y su profesora han determinado la organización de los contenidos del módulo y el tipo de secuencia que van a seguir para su realización, en este caso, van a optar una secuencia en espiral, comenzarán a investigar sobre las diferentes actividades, para lo que tendrán que tener en cuenta las diferentes estrategias de aprendizaje del alumnado, por suerte, la profesora tiene bastantes años de experiencia y conoce bien el tipo de alumnado.

Para el diseño y la creación de actividades didácticas que trabajen los contenidos seleccionados para la consecución de los objetivos será necesario retomar los resultados obtenidos en la fase de análisis, ya que habrá que determinar cuáles son las características del alumnado en sus procesos de aprendizaje, en concreto, cuáles son las estrategias que usan para poner en marcha la acción de aprender.

7.1. Definición de estrategia de aprendizaje

Existe gran controversia a nivel científico para definir las estrategias de aprendizaje, concretamente, es difícil distinguir entre procesos, estrategias y técnicas. Podremos entender los procesos como la cadena general de marco de actividades u operaciones mentales implicadas en el acto de aprender, tales como la atención, la comprensión, etc., por otro lado, tenemos las técnicas, que son actividades fácilmente visibles, operativas y manipulables, como hacer un resumen o un esquema; entre ambos se sitúan las estrategias.

DEFINICIÓN

Estrategias de aprendizaje
Conjunto de actividades y operaciones mentales que el aprendiz realiza para la construcción de su propio conocimiento, las estrategias de aprendizaje son de carácter voluntario y consciente y están unidas a los elementos cognitivos que intervienen en la elaboración del conocimiento. Son secuencias o planes orientados por el propio estudiante a la consecución del aprendizaje.

Díaz Barriga (2002) realiza una agrupación de las **características comunes** en todas las definiciones existentes sobre las estrategias de aprendizaje.

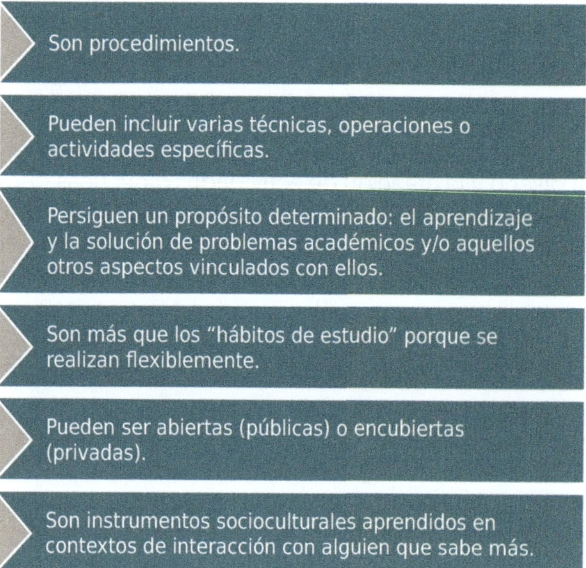

7.2. Estrategias de aprendizaje: asociativas, de elaboración, de organización y de apoyo

Las estrategias de aprendizaje son aquellos procedimientos que el propio aprendiz pone en marcha para la consecución de su aprendizaje, son, por tanto, un factor o elemento interno a la persona que adquiere o va a adquirir los conocimientos, no obstante, será de interés que los docentes conozcan las diferentes estrategias de aprendizaje y puedan poner en marcha secuencias de aprendizaje en base a diferentes estrategias de aprendizaje, para que el alumnado de las acciones formativas pueda adquirir los conocimientos de la forma más óptima y eficaz posible.

De esta manera, van a existir una serie de clasificaciones de las estrategias de aprendizaje, que el profesorado puede poner en marcha en una acción formativa:

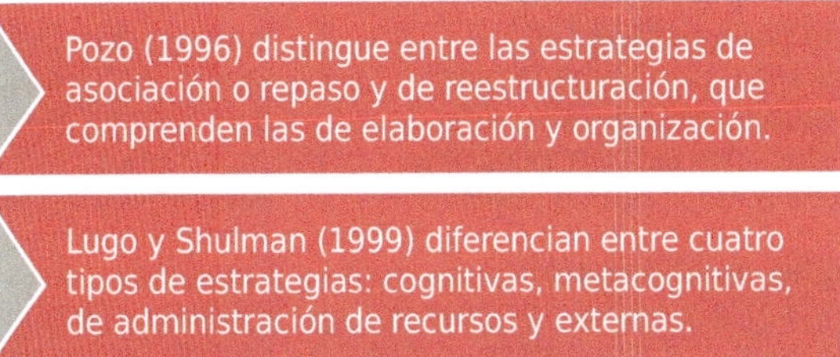

Para el caso que nos ocupa, vamos a diferenciar las estrategias entre las siguientes:

- **Asociativas.** Entendiendo dentro de este tipo de aquellos procesos mediante los cuales las personas establecen un vínculo o asociación entre dos o más conceptos, de manera que aprenden y reaccionan a dicha relación. Este tipo de aprendizaje supone un cambio en la conducta del sujeto que lo adquiere hasta el punto de que es capaz de anticipar que determinadas acciones van a traer consigo una serie de consecuencias. Para que esto se produzca, es necesario que ocurra la habituación y repetición entre ambos elementos.
- **Elaboración.** Este tipo de estrategia se basa en establecer relaciones entre los nuevos conocimientos y los viejos, asociando temas o informaciones para lograr un aprendizaje más rápido y efectivo. Constituyen un paso intermedio entre las asociativas, que no trabajan la información en sí mismas, y las de organización, que promueven nuevas estructuras de conocimiento.
- **Organización.** Este tipo de estrategias traducen la información a otra más fácil de entender, la agrupan para que sea más fácil recordarla y la dividen en partes para que se identifiquen relaciones y jerarquías.
- **Apoyo.** Tienen como finalidad sensibilizar al estudiante con lo que va a aprender y esta sensibilización se produce en tres ámbitos: la motivación, las actitudes y el afecto. Estas estrategias incluyen aspectos clave y

fundamentales en el aprendizaje, como el control del tiempo, la organización del ambiente de estudio, el esfuerzo y la perseverancia.

Cada tipo de estrategias de aprendizaje va a tener asociada una serie de actividades que le van a ser de utilidad al alumnado para poder adquirir el aprendizaje, así vamos a tener como ejemplos de actividades las de la siguiente tabla:

Estrategias	Ejemplos de Actividades
Estrategias de ensayo: es una táctica de repetición utilizada para llevar a cabo tareas educativas desde los primeros años escolares, así que permiten una memorización sencilla.	- Ejercicio de memorización. - Leer y repetir conceptos en voz alta. - Subrayar las palabras o frases importantes. - Realizar copias de texto de interés.
Estrategias de elaboración: la experiencia propia en la participación, porque la elaboración de tareas es otra forma de asentar el conocimiento.	- Crear semejanzas o parafrasear. - Realizar síntesis de los temas. - Escribir las observaciones del contenido. - Realizar y responder cuestionarios.
Estrategias de organización: es necesario definir una estructura organizativa del contenido que permita al alumno familiarizarse y orientarse dentro del contenido cómodamente para recordar.	- Realizar esquemas. - Resumir el contenido. - Hacer notas de pie de página. - Elaborar mapas conceptuales.
Estrategias de planificación: el tiempo tiene que ser dirigido con asertividad, para alcanzar los objetivos y temas del contenido académico. De la misma forma, se planifica y controla los resultados de lo aprendido.	- Elección del contenido. - Programación de un calendario. - La división de las tareas por fases. - Establecer los márgenes de tiempo para el cumplimiento de las tareas. - Agenda de las actividades venideras.
Estrategia de control de la comprensión: este es uno de los tipos de estrategia de aprendizaje que se concentra en la medición consciente de la ejecución de tareas y lo que se quiere lograr bajo la supervisión del alumno.	- Regulación. - La evaluación. - Planificación.
Estrategias de evaluación: con esta estrategia se verifica hasta qué punto los alumnos han conseguido los resultados deseados.	- Se estima si concretó el aprendizaje, en conjunto con la duración. - Se establecen las nuevas etapas. - Se concluye con las valoraciones finales.

Continúa en página siguiente >>

<< Viene de página anterior

Estrategias	Ejemplos de Actividades
Estrategia de regulación y supervisión: durante la realización de las tareas, el alumno debe cumplir con las indicaciones de la actividad.	- Dadas las condiciones, debe buscar estrategias alternativas. - Cumplir con lo previsto por el profesor. - Seguir el plan que se ha trazado. - Medir el tiempo necesario para realizar la tarea.
Estrategias de apoyo: las actividades complementarias siempre servirán de incentivo, no solamente como medio para el aprendizaje de contenidos, sino que prepara integralmente al alumno.	- Generar motivación. - Encauzar la atención. - Disminuir los temores y la ansiedad. - Considerar la importancia de calcular el tiempo. - Ejercitar la concentración.

Además, tendremos diferentes estrategias de aprendizaje que se aplicarán en función de si el trabajo propuesto es grupal o autónomo, para lo que podemos definir las siguientes metodologías:

- **Trabajo en grupo.** Este tipo de trabajo estimula los procesos cognitivos del alumnado. La forma en la que aprende cada alumno es diferente, por ello el trabajo que se prepare para trabajar en grupo deberá responder a diferentes estilos de aprendizaje. En determinadas situaciones será de utilidad realizar cambios en la disposición de los grupos, realizando agrupamientos flexibles, de manera que el alumnado interactúe con las demás personas, se crea un ambiente de trabajo lúdico y motivante. El trabajo en grupo va a posibilitar la toma de decisiones y la resolución de problemas, a la vez que trabajará el acuerdo y el consenso entre los miembros de los grupos, favoreciendo el trabajo colaborativo y el aprendizaje por descubrimiento. Si bien, antes de empezar a trabajar en grupo, es necesario que los docentes planteen la formación y coordinación y consolidación de los grupos de trabajo.
- **Trabajo colaborativo.** Este tipo de aprendizaje promueve la socialización entre los estudiantes, para el trabajo colaborativo se emplea el trabajo en grupos, habitualmente reducidos y heterogéneos, donde el alumnado trabaja de forma conjunta para alcanzar metas comunes. Se establecen dinámicas de trabajo en grupo y de interacción social, con roles perfectamente definidos y fomenta valores como la empatía, la ayuda mutua, la participación, la asunción de responsabilidades, etc., además, contribuye al desarrollo de habilidades sociales, inclusividad y atención a la diversidad del alumnado. El aprendizaje colaborativo es compatible con el uso de otras metodologías del aprendizaje.

- **Trabajo autónomo.** Se trata de un proceso donde el estudiante autorregula su aprendizaje y toma conciencia de sus propios procesos cognitivos y socioafectivos. Este tipo de aprendizaje tiene por objeto desarrollar conductas de tipo metacognitivo, potenciando niveles altos de comprensión y control del aprendizaje por parte de los alumnos.

PARA SABER MÁS

Si quieres conocer más ventajas del aprendizaje colaborativo en el entorno de la formación profesional puedes acceder desde aquí:

https://redirectoronline.com/ssce310207

TAREA 4

Óscar está trabajando en casa de forma autónoma, acaba de iniciar una nueva unidad formativa y, después de leerla detenidamente, comienza a realizar un resumen y posteriormente realiza un mapa conceptual. ¿Qué tipo de conocimientos y estrategias está poniendo Óscar en desarrollo?

8. Desarrollo de las primeras fases de un *e-porfolio* de una actividad formativa

HILO CONDUCTOR

Laura ha pensado que sería una buena actividad formativa para el alumnado del curso de Asistencia a la Dirección la creación de un *e-porfolio*, por lo tanto, va a seleccionar información sobre el tipo de trabajo para proponérselo a la profesora e incluirla en el módulo formativo.

El **porfolio** es un método de enseñanza, aprendizaje y evaluación que consiste en la aportación de producciones de diferente índole por parte del estudiante, a través de las cuáles se pueden juzgar sus capacidades en el marco de una disciplina o materia de estudio. Un ***e-porfolio*** por tanto, usará los **medios digitales** para la creación y elaboración de los contenidos del porfolio.

NOTA

El porfolio es un sistema de aprendizaje y de evaluación que permite recoger un conjunto de evidencias del proceso de aprendizaje y de lo aprendido, resultado de diferentes actividades realizadas por el estudiante.

8.1. Temática de la actividad didáctica/acción formativa

El *e-porfolio* del alumnado consistirá en una colección de los trabajos del alumno que muestren sus progresos y su evolución en el tiempo, así como las habilidades y éxitos que ha alcanzado a lo largo de la acción formativa.

La estructura de los contenidos del *e-porfolio* deberá conocerse antes de que el alumnado pueda empezar a realizar la recopilación de los mismos, así como los criterios de evaluación que se tendrán.

UNIVERSIDAD PABLO DE OLAVIDE FALCULTAD DE CIENCIAS SOCIALES EDUCACIÓN SOCIAL PRÁCTICAS DE CAMPO			
Variables	**Factores**	**Descripciones**	**Puntuación máxima obtenida**
Aspectos formales (máx. 2 puntos)	Formato	Presentación, extensión, índice, paginación, gráficos correctos.	0,5
	Redacción	Clara y precisa	1
	Gramática y ortografía	Lenguaje técnico, correcta sintaxis y sin faltas de ortografía	0,5
Contenidos del portafolios (máx. 8 puntos)	Información	Elección de fuentes de información	1
	Equilibrio	De fuentes externas, del profesorado y propia	1
	Organización	Coherencia	2
	Selección	Apropiada de actividades	1
	Aportaciones	Propias	1
	Implicación	Participación y compromiso	1

Ejemplo de diseño de e-porfolio

8.2. Temporalización

La temporalización del *e-porfolio* será, habitualmente, la misma que la duración de la acción formativa, de manera que permita que se muestren los progresos del alumnado, la evolución en la adquisición de las herramientas y habilidades.

Para la realización de la temporalización será necesario establecer un **calendario o cuadrante** donde se recojan las actividades a realizar, así como el espacio temporal con el que se cuenta para la realización de las actividades.

ACTIVIDADES	Enero	Febrero	Marzo	Ab
Recogida de evidencias	■	■		
Selección de evidencias		■	■	
Reflexión sobre las evidencias			■	■
Publicación del *e-porfolio*				■

8.3. Destinatarios

Los *e-porfolios* son herramientas que pueden usarse tanto por lo como por el alumnado de las acciones formativas, igualmente, p lizarse *e-porfolios* sobre las propias organizaciones o institucion vas, como muestra del trabajo que se desarrolla en las mismas.

No obstante, para la realización del *e-porfolio* que proponemos ción formativa, los destinatarios del mismo serán los propios a que se muestra como una herramienta para la evaluación del tr progresos que el alumnado realiza.

8.4. Objetivo general y específicos

Los **objetivos** del *e-porfolio* son:

- Guiar a los estudiantes en su actividad y en la percepción de sus propios progresos.
- Estimular a los estudiantes para que se preocupen de su proceso de aprendizaje.
- Destacar la importancia del desarrollo individual e intentar integrar los conocimientos previos en la situación de aprendizaje.

Continúa en página siguiente >>

<< *Viene de página anterior*

- Destacar la importancia del desarrollo individual e intentar integrar los conocimientos previos en la situación de aprendizaje.
- Resaltar lo que un estudiante sabe de sí mismo y en relación con el curso.
- Desarrollar la capacidad para localizar información, formular, analizar y resolver problemas.

IMPORTANTE

Los objetivos específicos estarán en función de los objetivos establecidos para la temática de la acción formativa, así como las herramientas y habilidades que el alumnado adquiera con la misma.

3.5. Secuenciación de los contenidos

La **estructura** que siguen los *e-porfolios* son (Barberá, 2005):

1. Una guía o un índice de contenidos que determinará el tipo de trabajo y estrategia didáctica, que puede estar totalmente determinado por el profesor o más abierto a una dirección por parte del estudiante.
2. Un apartado introductorio al *e-porfolio* que detalle las intenciones, creencias y punto de partida inicial de un tema o área determinada.
3. Unos temas centrales que conforman el cuerpo del porfolio y que contienen la documentación seleccionada por el alumno que muestra el aprendizaje conseguido en cada uno de los temas seleccionados.
4. Un apartado de clausura como síntesis del aprendizaje con relación a los contenidos impartidos.

IMPORTANTE

En la elección de un *e-porfolio* se deben concretar los siguientes elementos: autoría y audiencia, contenidos a desarrollar, objetivos y competencias, estructura y organización y criterios de evaluación.

De forma general, un *e-porfolio* contará con cuatro fases, que serán:

1. **Recogida de evidencias.** Algunas de estas evidencias pueden ser:
   - Informaciones de diferentes tipos de contenido: conceptual, procedimental y actitudinal.
   - Tareas realizadas en clase o fuera de ella: mapas conceptuales, recortes de diario, exámenes, informes, entrevistas, etc.
   - Documentos en diferente soporte físico: digital, papel, audio, etc.
2. **Selección de evidencias.** La fase de selección de las evidencias se centra en elegir cuáles son los trabajos más representativos y que muestran un mejor desempeño de la actividad del proceso de enseñanza aprendizaje.
3. **Reflexión sobre las evidencias.** En esta fase se promoverá la reflexión sobre las debilidades y fortalezas de las evidencias recogidas en el *e-porfolio.*
4. **Publicación del *e-porfolio.*** Para la fase de publicación del *e-porfolio* se organizarán las evidencias de forma ordenada y comprensible, sin dejar al lado aspectos como la creatividad.

IMPORTANTE

La recogida de las evidencias estará determinada por el objetivo y las competencias que deban recogerse en el *e-porfolio.*

8.6. Fuentes de información básicas para la curación de los contenidos didácticos

Las herramientas que se pueden usar para la selección de contenidos en un *e-porfolio* son los siguientes tipos:

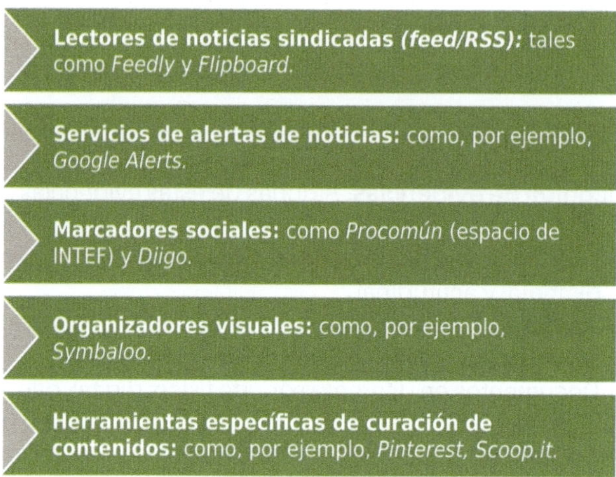

Puedes conocer más sobre las herramientas de curación de contenidos didácticos para un *e-porfolio* accediendo desde aquí:

https://redirectoronline.com/ssce310208

9. Resumen

Dentro de los tipos de diseño, el más usado habitualmente es el modelo ADDIE, que contiene las siguientes fases:

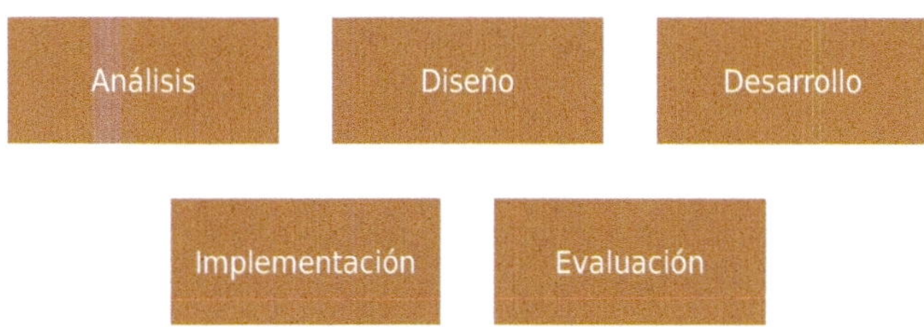

Para llevar a cabo la redacción de los objetivos las fases son:

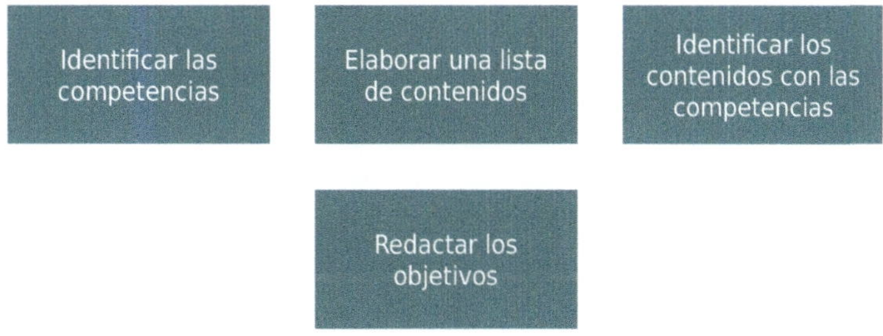

Con respecto a los contenidos, se deberá conocer que:

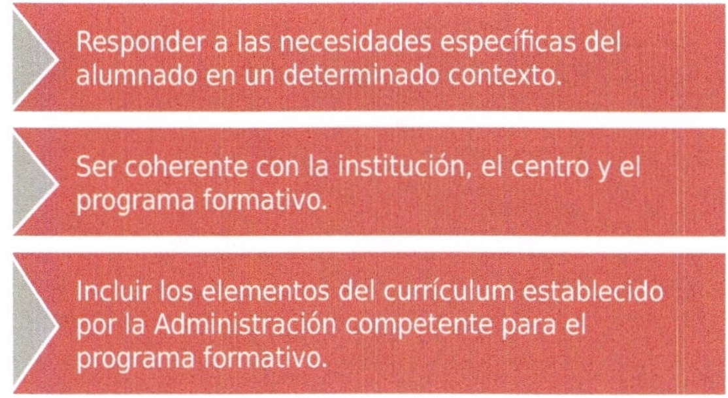

Para la elección de las actividades se tendrán en cuenta las estrategias de aprendizaje:

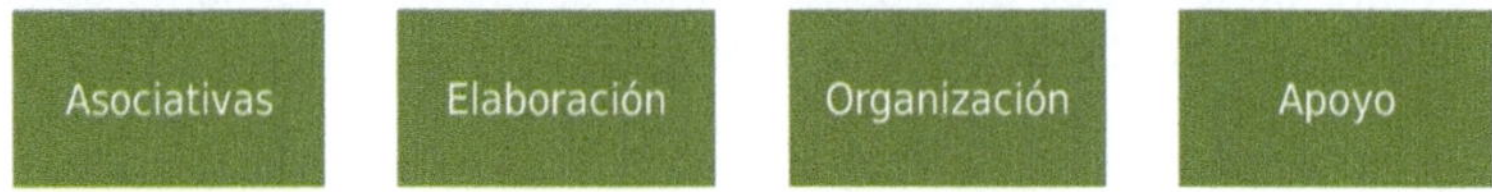

Ejercicios de autoevaluación Unidad de Aprendizaje 2

1. En el diseño instruccional el centro es:

a. El propio alumnado
b. El centro educativo
c. Los contenidos
d. Las personas docentes

2. El modelo ASSURE se basa en una perspectiva...

a. ... individualista.
b. ... constructivista.
c. ... ecológica.
d. ... sistémica.

3. ¿Cuál es la tercera fase en un diseño instruccional?

a. Diseño
b. Análisis
c. Desarrollo
d. Implementación

4. ¿Cuál es la herramienta que permite al alumnado el intercambio de información en la fase de análisis del contexto?

a. Foro
b. Entrevista
c. Cuestionario
d. Todas las opciones son incorrectas.

5. Indica cuál de las siguientes no es una característica de los REA.

a. Accesibilidad
b. Reusabilidad
c. Interoperabilidad
d. Movilidad

6. **Determina si la siguiente oración es verdadera o falsa: "Comprender es un tipo de objetivo de los procesos cognitivos de orden superior según la taxonomía de objetivos de Bloom".**

   - Verdadero
   - Falso

7. **¿Cuál de los siguientes no es un criterio de selección y filtrado de los contenidos?**

   a. Autoridad
   b. Navegabilidad
   c. Actualización
   d. Estética

8. **Determina si la siguiente oración es verdadera o falsa: "La siguiente imagen muestra un tipo de licencia de REA que permite el uso y distribución de los contenidos en todos los casos"..**

   - Verdadero
   - Falso

9. **¿Cuál de las siguientes no es un principio de organización de los contenidos?**

   a. Progresión
   b. Integral
   c. Creatividad
   d. Diversidad

10. **Determina si la siguiente oración es verdadera o falsa: "Establecer un recorrido didáctico consistirá en determinar las unidades didácticas que conforman un módulo formativo, su secuenciación y su temporalización".**

    - Verdadero
    - Falso

Unidad de aprendizaje 3

Planificación de acciones formativas en entornos digitales

Contenido

1. Introducción
2. Desarrollo del diseño de actividades de aprendizaje en entornos digitales tipos
3. Identificación y exploración de espacios virtuales de aprendizaje
4. Descripción de las redes sociales como herramientas de comunicación y aprendizaje social
5. Especificaciones de los planes de comunicación en entornos de aprendizaje digital
6. Caracterización de la comunicación en entornos de aprendizaje
7. Nuevas tecnologías de comunicación con otros profesionales a través de herramientas digitales
8. Resumen

Objetivos

El objetivo general de esta Unidad de Aprendizaje es:

→ Diseñar actividades de aprendizaje en entornos digitales y espacios virtuales de aprendizaje, así como identificar las aplicaciones de las redes sociales en el sector de la formación profesional y aplicarlo en un plan de comunicación didáctico.

Los objetivos específicos de esta Unidad de Aprendizaje son:

→ Distinguir las herramientas digitales de comunicación para el diseño de actividades en entornos digitales.

→ Conocer los elementos de un plan de comunicación del centro educativo.

→ Reflexionar sobre las herramientas digitales disponibles para el desarrollo de las acciones de enseñanza-aprendizaje.

→ Aplicar los contenidos sobre el desarrollo de tareas en las plataformas.

→ Aplicar los conocimientos sobre el desarrollo de actividades a través de las redes sociales y conocer sus beneficios didácticos.

1. Introducción

Los entornos virtuales de aprendizaje son las nuevas comunidades educativas creadas en la web donde confluyen todas las personas que participan en los procesos educativos.

En la actualidad dichas comunidades están ganando peso específico, ya que los entornos virtuales de aprendizaje poseen una serie de ventajas frente a la educación tradicional. Por consiguiente, todos los procesos educativos se están transformando y adaptando para dar cobertura a esta nueva realidad educativa.

La creación y desarrollo de las actividades didácticas ocupan un lugar esencial en este proceso de diseño, Laura, la alumna en prácticas de EDUCAM, se enfrentará a este proceso de creación y diseño de actividades didácticas.

2. Desarrollo del diseño de actividades de aprendizaje en entornos digitales tipos

Una vez se han determinado los objetivos y contenidos del módulo de Asistencia a la Dirección, Laura se enfrenta al proceso de creación, diseño y gestión de las actividades educativas. Guiada por la profesora del módulo, tendrá que investigar sobre las diferentes posibilidades que le ofrecen las herramientas digitales en la generación de las mismas.

Para conocer los elementos del diseño de las actividades de aprendizaje en entornos digitales, en primer lugar será necesario conocer qué entendemos por actividad.

DEFINICIÓN

Actividad

Cabero y Román (2006) definen las actividades como aquellas propuestas de trabajo dirigidas a los estudiantes que le ayudan a comprender, analizar, sintetizar y valorar los contenidos propuestos en los diferentes materiales y convertir la información librada en bruto en un conjunto de conocimientos, habilidades y actitudes relativas a la materia trabajada.

Las **funciones de las actividades** en el proceso educativo son las siguientes (Cabero y Román, 2006):

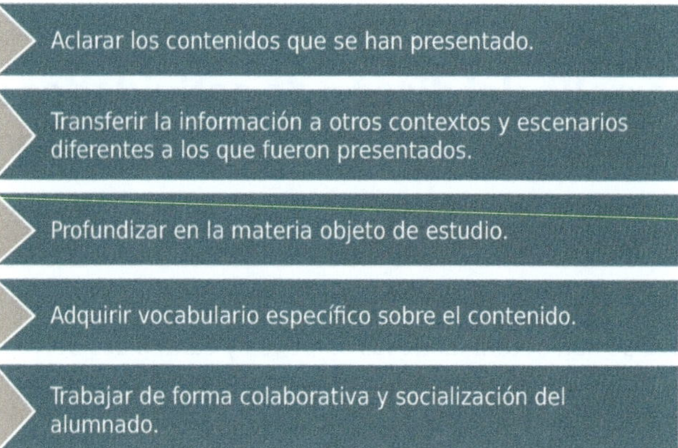

2.1. Tipos de actividades de aprendizaje

Aunque existen multitud de clasificaciones de las actividades de aprendizaje, la siguiente hace referencia a aquellas desarrolladas en entornos digitales, dicha clasificación está basada en la que realizan Salinas, Pérez y De Benito en 2008, que proponen la siguiente tipología:

- **Actividades para la individualización de la enseñanza**
  - Búsqueda y organización de la información.
  - Contratos de aprendizaje.
  - Estudio con materias (presentaciones, artículos, etc.).

- **Actividades expositivas y presentación en gran grupo**
  - Exposición didáctica: videoconferencia, vídeos, etc.
  - Tutoría *online*.
  - Preguntas de grupo: foro, wiki, etc.
  - Simposio o mesa redonda.
  - Exposiciones del alumnado (presentaciones multimedia, etc.).
- **Actividades de trabajo colaborativo**
  - Trabajo en parejas o en grupos.
  - Lluvias de ideas.
  - Simulaciones y juegos de roles.
  - Investigación social.
  - Estudio de casos.
  - Grupos de investigación.
  - Aprendizaje basado en problemas.
  - Debates.
  - Trabajo por proyectos.

2.2. Factores de selección de actividades: qué evaluar, tiempo disponible y modalidad para evaluar

Los criterios para la selección, diseño e implementación de las actividades que se lleven a cabo en una determinada acción formativa van a estar necesariamente orientados al sistema de evaluación que se vaya a usar para la acción formativa en sí, ya que las actividades deberán poder ser evaluadas para comprobar el desempeño del alumnado. Por lo tanto, el sistema de evaluación debe estar necesariamente vinculado al resto de los elementos del diseño de la actividad formativa, de manera que a lo largo de la evaluación se deberá atender a las siguientes cuestiones:

Para responder a las cuestiones planteadas anteriormente será necesario tener en cuenta las siguientes consideraciones:

- Todos los elementos que forman parte de la acción formativa se consideran evaluables.
- La evaluación se puede llevar a cabo tanto por el personal docente, como por parte del alumnado.
- La evaluación debe desarrollarse de forma continuada a lo largo de la acción formativa.
- Las técnicas y métodos de evaluación que se usen deben tener en cuenta la metodología que se utiliza a lo largo de la acción formativa.

En los entornos digitales, la evaluación deberá contener, además, los siguientes aspectos:

- **Competencias digitales del alumnado.** En las formaciones realizadas en entornos digitales la familiarización e incorporación del alumnado a la plataforma tecnológica va a ser determinante en el proceso de enseñanza-aprendizaje, por lo que no deberá dejarse al margen la evaluación de cómo se conecta el alumnado, cómo recibe la información, qué aplicaciones es necesario manejar, etc.
- **Implicación del alumnado.** El grado de implicación del alumnado en el desarrollo del proceso de enseñanza-aprendizaje será también evaluable considerando la capacidad de este para la participación en los foros y debates, la interacción realizada con la plataforma, etc.
- **Rol docente.** El rol de la persona docente cambia necesariamente con respecto al tradicional, por lo que será necesario realizar también la evaluación de la implicación, el manejo y el desarrollo del docente en la acción formativa.

Los tipos de pruebas de evaluación son los siguientes:

- **Cuestionarios y formularios**
- **Pruebas diagnósticas:**
  - Como medio para una evaluación inicial.
- **Pruebas de autoevaluación:**
  - Para que el alumnado pueda hacer comprobaciones de sus avances.

- **Pruebas de ensayo:**
  - Van a consistir en pruebas de aplicación de los conocimientos que se han trabajado.
- **Pruebas objetivas y test de evaluación:**
  - Habitualmente presentan diferentes opciones de respuesta y requieren claridad y precisión en la formulación.
- **Pruebas sobre simuladores:**
  - Requieren la simulación de situaciones reales, son muy habituales en procesos industriales y de manejo de maquinaria por ejemplo.

ACTIVIDAD COMPLEMENTARIA

6. Realiza una búsqueda de información sobre las competencias digitales del alumnado en los ciclos formativos de formación profesional, determinando finalmente cuáles son las competencias digitales que se pueden evaluar en el alumnado.

3. Identificación y exploración de espacios virtuales de aprendizaje

HILO CONDUCTOR

El diseño de la nueva acción formativa de Asistencia a la Dirección requiere para su renovación que se enmarque dentro de un entorno virtual de aprendizaje o EVA, para lo que Laura tendrá que comprobar cuáles son las ventajas y desventajas de estos sistemas y, junto con la profesora y tutora del curso, tomar decisiones sobre las características de su uso en la acción formativa.

Los entornos virtuales de aprendizaje EVA tienen una serie de **ventajas** sobre los tradicionales son los siguientes:

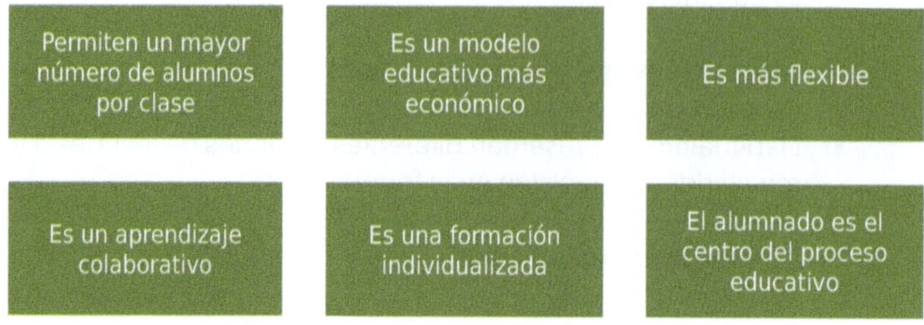

Aunque también tienen una serie de **inconvenientes,** como son:

3.1. Concepto de espacios virtuales de comunicación y aprendizaje

Los entornos virtuales de aprendizaje están diseñados para permitir la **participación e interacción** de todos los participantes de los procesos de enseñanza aprendizaje creando comunidades educativas virtuales.

DEFINICIÓN

Plataforma de aprendizaje
Una plataforma *e-learning,* plataforma educativa web o Entorno Virtual de Enseñanza y Aprendizaje es una aplicación web que integra un conjunto de herramientas para la enseñanza-aprendizaje en línea, permitiendo una enseñanza no presencial *(e-learning)* y/o una enseñanza mixta *(b-learning),* donde se combina la enseñanza en internet con experiencias en la clase presencial (Fernández-Pampillón Cesteros 2010).

Un entorno virtual de aprendizaje EVA permite la distribución de los materiales educativos en formato digital, así como la comunicación e interacción de todos los agentes educativos. Las principales características de los EVA son las siguientes:

- **Interactividad.** En este sentido, las plataformas de aprendizaje deben facilitar el uso e interacción de los agentes educativos con los elementos contenidos en el diseño de la acción formativa.
- **Escalabilidad.** Permite trabajar independientemente del número de personas participantes en el proceso de enseñanza aprendizaje.
- **Flexibilidad.** Permite la diversidad en los métodos de enseñanza aprendizaje, además de la adaptación a los ritmos de aprendizaje de cada persona.
- **Estandarización.** Permite la reusabilidad de los recursos, así como su disponibilidad para el uso.

El trabajo mediante EVA pone al alumnado en el centro del proceso educativo, promoviendo que sean sujetos activos en la **construcción de su propio aprendizaje,** el personal docente ejercerá de **guía facilitador** del proceso.

En cuanto a sus características didácticas, los EVA deberán posibilitar la realización de las siguientes tareas:

- Gestión y administración de las acciones educativas.
- Diseño y desarrollo de actividades interactivas de aprendizaje.
- Facilitar la comunicación entre los diferentes agentes del proceso educativo.
- Implementación de estrategias colaborativas.
- Desarrollo e implementación de contenidos didácticos.
- Evaluación y seguimiento del alumnado.
- Personalización del entorno digital.
- Adaptabilidad a las necesidades, preferencias y particularidades de cada alumno.

3.2. Tipos de espacios virtuales de aprendizaje

El tipo de EVA que se use para llevar a cabo una acción formativa va a suponer que se podrán usar unas determinadas metodologías de enseñanza aprendizaje u otras.

Podremos caracterizar los EVA en función de sus características técnicas:

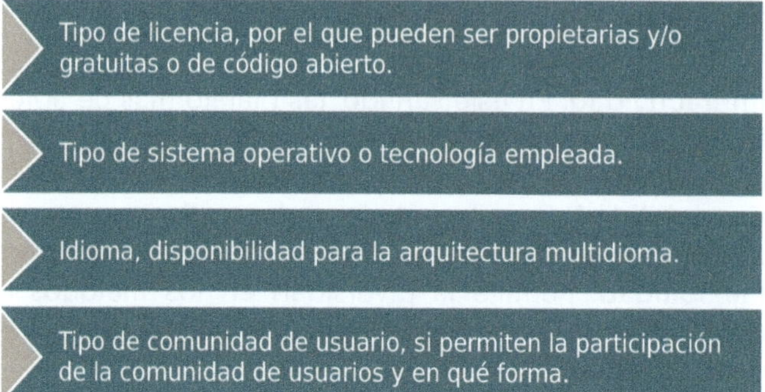

La principal distinción entre los EVA se realiza en base su tipo de licencia, de esta manera podemos encontrar en el mercado los siguientes:

- **Plataformas comerciales**
  - *SputnIC*
  - *Rise*
  - *ClassIC*
  - *Blackboard collaborate*
- **Plataformas de código abierto o gratuitas**
  - *Moodle*
  - *Udemy*
  - *Domestika*
  - *Chamilo*
  - *Google Classroom*

PARA SABER MÁS

Para saber más sobre estas plataformas accede desde aquí:

Continúa en página siguiente >>

<< Viene de página anterior

https://redirectoronline.com/ssce310301

3.3. Herramientas de mensajería y videoconferencia

Al hablar de herramientas de mensajería y videoconferencia estamos haciendo mención de las diferentes herramientas de comunicación que se integran dentro de las plataformas educativas digitales.

En este sentido, deberemos establecer una diferenciación entre los dos tipos de herramientas fundamentales: las que permiten la **comunicación síncrona** y las herramientas de **comunicación asíncrona.**

Herramientas para la comunicación síncrona

Se trata de aquellas herramientas que permiten una comunicación en tiempo real.

En esta categoría encontramos las siguientes herramientas:

- **Videoconferencia.** La comunicación se produce en tiempo real, a distancia y de forma bidireccional. Permite la transmisión de audio, vídeo y datos.
- **Chat.** Se trata de una herramienta que permite la comunicación en tiempo real entre dos o más personas. Dependiendo de las necesidades, se pueden establecer chats grupales o no. Se basa principalmente en el texto, pero también permite el envío de audio, vídeo y datos. Esta herramienta puede considerarse también como herramienta de comunicación asíncrona.
- **Pizarra compartida.** Se trata de una herramienta de dibujo que permite la comunicación síncrona. Con ella se pueden aclarar y exponer actividades y contenidos didácticos, facilitando la comunicación entre los docentes y el alumnado.

PARA SABER MÁS

Puedes ampliar tus conocimientos sobre el uso de herramientas colaborativas, como la pizarra compartida, accediendo desde aquí:

https://redirectoronline.com/ssce310302

Herramientas de comunicación asíncronas

Son herramientas que permiten la comunicación en momentos temporales diferentes, igualmente, se pueden establecer para actividades grupales o para la comunicación entre dos personas.

Podemos distinguir las siguientes:

- **Correo electrónico.** Se trata de una herramienta que permite la comunicación mediante texto, aunque también permite el envío de imágenes, audio o vídeo, a través una cuenta de correo electrónico.
- **Foro.** Es una herramienta que permite la comunicación en tiempo real, aunque también en momentos temporales diferentes entre varios usuarios. Generalmente, permite el debate y el trabajo colaborativo, así como la cohesión de grupos.
- **Listas de distribución.** Están compuestas por un conjunto de direcciones electrónicas que se usan para recibir o enviar mensajes sobre un asunto de interés en común, o para la creación de grupos de trabajo.

IMPORTANTE

El uso de los foros en los entornos educativos permiten ofrecer soluciones ante preguntas problemáticas o surgidas de alguna discusión, reforzando el proceso de aprendizaje y dando respuesta a las cuestiones que puede plantear el alumnado.

Además favorece el desarrollo de las habilidades de la comunicación escrita y de las relaciones sociales.

3.4. Repositorios de contenidos y transferencia de archivos

Los repositorios son colecciones de archivos digitales que se organizan mediante categorías.

DEFINICIÓN

Repositorio o biblioteca digital
Sistema de tratamiento técnico, acceso y transferencia de información digital, que se estructura en base a categorías de archivos digitales que ofrecen una serie de servicios interactivos para los usuarios.

Las tres categorías de repositorios más importantes son aquellas que organizan sus contenidos en torno a imágenes, sonidos o vídeos.

- **Repositorio de imágenes.** Los repositorios más usados son:
  - *Pexels:* se trata de un buscador de imágenes libres de derechos.
  - *Flickr:* se trata de un organizador de fotografías digitales y red social, permite la búsqueda de imágenes mediante etiquetas, como la fecha y por licencias de Creative Commons.
  - *Pixabay:* se trata de un repositorio que permite el intercambio de fotos de alta calidad, podemos encontrar: fotos, imágenes, ilustraciones, gráficos vectoriales y material fílmico, registradas en el dominio público según licencias Creative Commons.

- **Repositorios de sonido.** Donde se pueden destacar los siguientes:
  - *Freesound:* donde se pueden encontrar más de 40.000 sonidos con licencia CC organizados en categorías.
  - *Free Sound Effects:* realiza la categoría de efectos de sonido sin licencia con sección gratuita y de pago.
- **Repositorios de vídeo.** Donde destacan los siguientes:
  - *YouTube:* es el más usado, se pueden encontrar de forma rápida casi cualquier tipo de vídeo y exportarlos y compartirlos fácilmente.
  - *Google Video:* buscador de vídeos en toda la web.
  - *Dailymotion:* se trata de un repositorio de contenidos más profesional, especialmente indicada para la realización de cortos y anuncios.
  - *Teachertube:* especializada en vídeos educativos sobre cualquier temática.

Las principales actividades para las que se usarán los repositorios digitales serán:

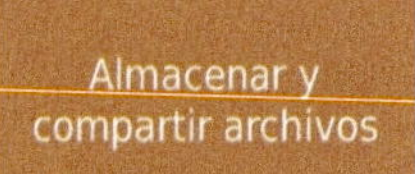

Creación de canales de difusión

A continuación, se muestra una tabla en la que se observan plataformas que se pueden usar como repositorios virtuales y los tipos de archivos que permiten compartir.

Plataformas	Textos (doc, PDF)	Imágenes	Audio	Vídeo	Presentaciones
Box	✓	✓	✓	✓	✓
Google Drive	Óptimo	✓	✓	✓	✓
Dropbox	✓	✓	✓	✓	✓
Flickr	-	Óptimo	✓	✓	-
Hightail	✓	✓	✓	✓	✓
Issuu	Óptimo	-	-	-	-

Continúa en página siguiente >>

<< Viene de página anterior

Plataformas	Textos (doc, PDF)	Imágenes	Audio	Vídeo	Presentaciones
OneDrive	✓	✓	✓	✓	✓
Scribd	Óptimo	-	-	-	-
Slideshare	✓	✓	-	✓	✓
SoundCloud	-	-	Óptimo	-	-
YouTube	-	-	-	Óptimo	-
Vimeo	-	-	-	Óptimo	-
Wetransfer	✓	✓	✓	✓	✓

3.5. Asignación de tareas

Los EVA permiten la asignación de tareas, habitualmente mediante un espacio propio dentro de la plataforma o sistema. Este módulo específico sirve a los docentes para evaluar el trabajo del alumnado, mediante la realización de un trabajo o tarea que, después, el docente podrá revisar y valorar.

Normalmente, todos los EVA van a permitir, al menos, la asignación de las tareas de tres formas diferentes:

1. Los módulos de tareas de las diferentes plataformas contienen un espacio para la edición de texto dentro del mismo perfil, donde el alumnado puede desarrollar la tarea solicitada, editando *in situ*.
2. La asignación de tareas mediante la entrega de un documento o archivo que se adjunta en el espacio para la entrega, pueden admitir diferentes formatos, como procesadores de texto, PDF, imágenes u hojas de cálculo.
3. Por último, también van a permitir la asignación de tareas que no se realicen ni entreguen a través de la plataforma, sino que sirva como recordatorio para la realización de una actividad en el exterior, como una salida, visita o excursión, lectura de libro, etc.

Para la configuración de las tareas se deberán indicar los siguientes aspectos:

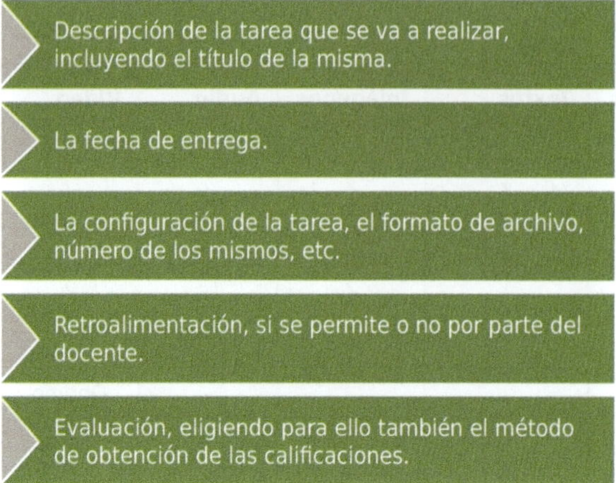

NOTA

También se indicarán los grupos para realizar la actividad, atendiendo al número de personas y la visibilidad de los mismos, o, en su defecto, si es tarea individual.

Una vez se haya diseñado la actividad de tareas, lo normal es que el espacio o plataforma educativa la incluya en el calendario con la fecha de entrega y que su calificación pueda ser visible por parte del alumnado.

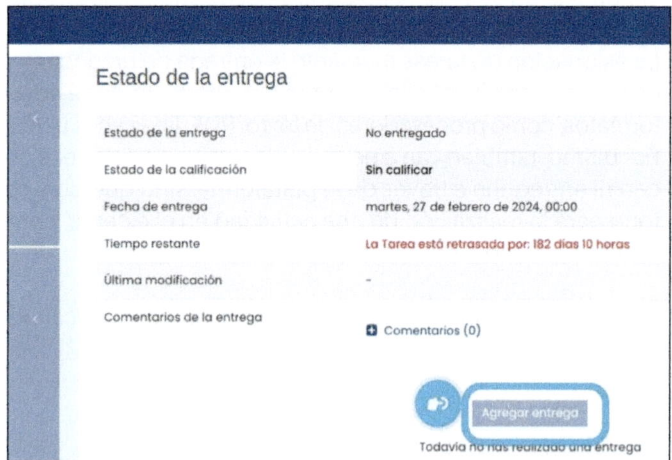

Ejemplo del módulo de tareas en Moodle

TAREA 5

Decide la configuración de una tarea para la realización en la plataforma *Moodle*, la temática será inglés básico para la restauración y hostelería.

Deberá contener el título y la descripción detallada, la fecha de entrega, el tipo de archivo, si permite retroalimentación y el método de calificación.

3.6. Plataformas de gestión de proyectos

Las plataformas de gestión de proyectos consisten en una **herramienta *software*** que permite la gestión y desarrollo de los proyectos de forma colaborativa y en tiempo real. Son un conjunto de herramientas que mejoran la eficiencia en la gestión y desarrollo de proyectos entre varias personas.

Las **principales funciones** de este tipo de programas son:

- Centralizar la organización y la gestión del proyecto a desarrollar.
- Planificar los proyectos.
- Conocer las tareas que están asociadas a cada parte del proyecto.
- Conocer y controlar los costes de desarrollo del proyecto.
- Permitir la colaboración y comunicación entre todos los miembros del grupo que va a desarrollar el proyecto.
- Asignar las tareas, funciones y responsabilidades de cada persona.
- Poder hacer un seguimiento de las diferentes fases de desarrollo del proyecto.
- Controlar los tiempos y fechas de desarrollo del proyecto.

IMPORTANTE

Este tipo de *softwares* se usa en el mundo empresarial, por lo que, dada la estrecha colaboración que la formación profesional debe mantener con el sector empresarial, será recomendable el uso y manejo de algunos de estos programas por parte del alumnado, facilitando el tránsito hacia el mercado laboral.

Algunos de los *softwares* de gestión de proyectos más usados son:

Para su uso se deberá tener en cuenta que existen gestores de proyecto de código abierto y otros que no lo son.

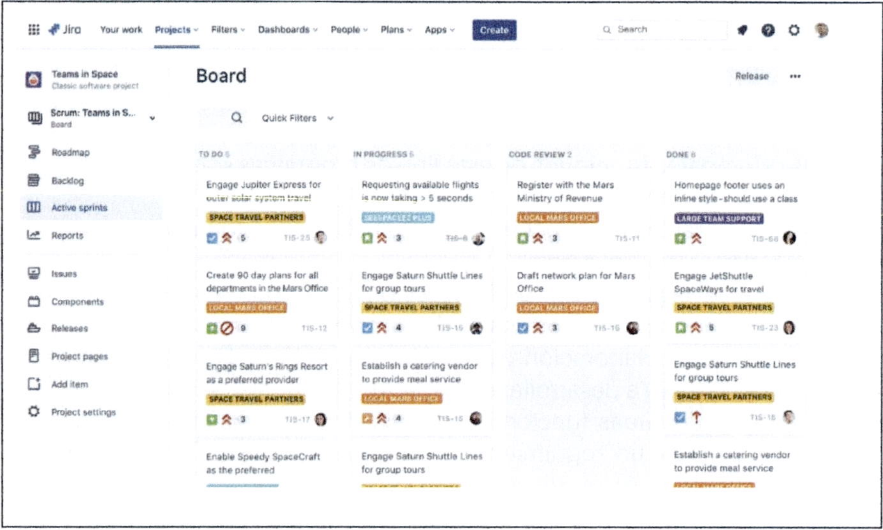

Tablero del gestor de proyectos Jira

4. Descripción de las redes sociales como herramientas de comunicación y aprendizaje social

HILO CONDUCTOR

Laura es una apasionada de las redes sociales, tiene perfiles creados en las redes sociales mayoritarias y le gusta realizar publicaciones en ellas a menudo, pero ¿podrían las redes sociales ser una herramienta en los procesos de enseñanza aprendizaje?

Las redes sociales, en la actualidad, ofrecen una imagen controvertida con respecto a su uso, no obstante, en los espacios educativos pueden resultar de utilidad si se consigue realizar una buena integración de los mismos en la dinámica de la acción formativa.

DEFINICIÓN

Redes sociales
Según aportan Cobo y Romaní (2007), las redes sociales digitales son: "Todas aquellas herramientas diseñadas para la creación de espacios que promuevan o faciliten la conformación de comunidades e instancias de intercambio social".

4.1. Beneficios didácticos de las redes sociales

El principal beneficio del uso de las redes sociales va a estar sustentado por su capacidad para permitir trabajar de forma colaborativa. Asimismo, para que esto se produzca será necesario garantizar que en los procesos de trabajo se da una buena comunicación bidireccional, elemento que está favorecido también por el uso de las redes sociales.

Las principales características son:

- **Trabajo colectivo.** Permitiendo compartir la información entre los usuarios, interacción con otras personas y trabajo colaborativo.
- **Gratuidad.** Al menos en la mayor parte de su uso las redes sociales suelen tener la posibilidad de tener perfiles de forma gratuita.
- **Suscripción o etiquetado.** Permite obtener información mediante suscripción o etiquetado de la misma.
- **Insertar y compartir.** Permite insertar y compartir material archivos y material multimedia.
- **Fomenta la comunicación.** Fomenta la comunicación, así como un registro de eventos y fechas importantes.

TAREA 6

María es profesora del centro de formación profesional "La Marina" está impartiendo clase en un módulo formativo de grado medio de Técnico en Construcción. Como medio para aumentar la motivación de su alumnado y mejorar el trabajo colaborativo en clase, ha pensado en usar las redes sociales para la realización de la próxima actividad, en concreto, el tema es el siguiente:

- Tipologías de obras de edificación residencial. Edificaciones aisladas, agrupaciones adosadas y superpuestas en altura.

Realiza una actividad usando una red social para trabajar esta materia y señala qué características del uso de las redes sociales tiene dicha actividad.

4.2. Redes sociales en el ámbito educativo. Internet en el aula

El uso de redes sociales en el ámbito educativo se caracteriza por combinar dos tipos de aprendizaje:

Aprendizaje formal	- El referido a las áreas educativas.
Aprendizaje informal	- Gracias al intercambio de información que se produce entre los usuarios.

Inevitablemente, las redes sociales se han convertido en un instrumento de comunicación cotidiano, aunque cuentan con muchas ventajas, su uso en los contextos educativos resulta polémico, debido, fundamentalmente, a los gravísimos casos de *bullying* que encontramos. No obstante, si las redes sociales se usan de forma correcta, pueden ser de gran ayuda y mejoran la socialización del alumnado. A continuación, veremos algunas de ellas:

- ***Facebook.*** Se trata de la red social más usada en el mundo. Las organizaciones educativas pueden crear una comunidad en Facebook mediante una página de esta misma red social, que permite que el acceso sea restringido a un determinado grupo de personas. Los beneficios del uso de esta red social en al ámbito educativo son:

  - Crear una página de *Facebook* y los perfiles es completamente gratuito.
  - La creación de páginas de *Facebook* es rápida y fácil.
  - Permite la interacción con las personas que son miembros de la comunidad de la página y limitar el acceso a los contenidos a personas que no son de la comunidad.
  - Se puede compartir texto, fotografías, vídeos o eventos con la comunidad.
  - La gestión de la página se puede realizar desde cualquier dispositivo (ordenador, tableta o móvil).
  - Permite que los miembros de la comunidad hagan comentarios sobre los temas publicados.
  - Existe la posibilidad de que, en caso de ser necesario u oportuno, los contenidos se puedan compartir.
  - Las páginas de *Facebook* contienen información de las estadísticas de alcance de las publicaciones.
  - Permite el intercambio de mensajes privados entre los miembros de la comunidad.

- ***X.*** Permite el acceso a la información y contenidos desde cualquier dispositivo, aunque, principalmente, su uso a nivel mundial es a través del móvil. Se trata de un servicio de red social horizontal donde se intercambian mensajes de texto, imágenes o vídeos cortos. En *X* no hay posibilidad de crear perfiles corporativos, por lo que el proceso de alta es el mismo que para los usuarios personales, tampoco permite la creación de grupos cerrados.
- ***Youtube.*** Se trata de un sitio web donde los usuarios pueden crear y subir vídeos, para lo que hay que crear un canal propio, a través del cual se pueden tener seguidores y, a la vez, compartir comentarios.
- ***Instagram.*** Se trata de una red social accesible a través de dispositivos móviles o tabletas, donde las personas usuarias pueden subir fotos y ví-

deos, los cuales pueden modificar a través de una serie de filtros, ofreciendo un aspecto final mucho más atractivo. El seguimiento de perfiles, comentarios y uso de *hashtag* (etiquetas) hace que *Instagram* se asemeje bastante a *X. Instagram* no permite la creación de grupos, pero sí elegir la privacidad del contenido.

- ***TikTok.*** Se trata de una red social que permite crear y compartir vídeos, se le pueden añadir filtros, *stickers* y música a los contenidos haciéndolos más atractivos para el alumnado. También se basa en el seguimiento de perfiles, el uso de etiquetas, *hashtags* y comentarios, con lo que aporta el sentido de comunidad.
- ***LinkedIn.*** Se trata de una red social profesional, que sirve para buscar empleo o para promocionarse dentro de un sector profesional, en el perfil de *LinkedIn* se vuelcan los datos laborales, a modo de currículo, lo que le permite estar siempre actualizado, así como la creación de redes profesionales y de contactos para la búsqueda o mejora laboral.
- ***Pinterest.*** Se trata de una red social que permite compartir y comentar material audiovisual, ya sean fotografías, vídeos, bocetos o páginas webs. Se basa en ofrecer a las personas seguidoras un álbum de recortes audiovisual, permite recopilar contenido, organizar los contenidos por temas, guardar enlaces a recursos, crear tableros de recursos mediante el trabajo en grupo, etc.

SABÍAS QUE...

Edmondo fue una plataforma social educativa, cuyo objetivo era permitir la comunicación entre profesores y alumnos en un entorno privado y cerrado.

Se trataba de un espacio virtual privado que funcionaba de forma similar a una red social, aunque la comunicación se desarrollaba a través de un entorno cerrado y privado.

Cerró definitivamente en 2022.

A continuación, te mostramos un gráfico en el que se muestran algunos ejemplos de cómo usar las redes sociales en educación:

Facebook
- Creación de un grupo privado para **organizar debates.**
- Asumir **diferentes roles** para aprender a empatizar y respetar otras opiniones
- **Compartir** los trabajos y proyectos hechos en clase.

(X) Twitter
- Búsqueda de ***fake news.***
- Crear una cuenta de clase en la que cada semana uno tuitea como si fuese un escritor, un científico o una ciudad. **El resto debe adivinarlo.**
- Tuitear una **lengua extranjera.**

Instagram
- Documentar un tema con **fotografías.**
- Realizar **redacciones a partir de fotos compartidas por influencers.**
- Localizar imágenes **para situar** en mapas geográficas.

TikTok
- Clases en **directo.**
- Creación de **vídeos.**

YouTube
- **Presentación de trabajos** (con grabación y edición de vídeos).
- Búsqueda de **información** para un proyecto.
- **Escucha de otros idiomas** (canciones, conferencias, tutoriales...).

LinkedIn
- Análisis de **ofertas de trabajo.**
- Aprender a **elaborar un currículum** original.
- Determinar qué perfiles son los **más demandados** en cada sector.

Pinterest
- Crear un tablero **colaborativo.**
- Búsqueda de imágenes para **presentar un trabajo.**

Flickr
- Crear un **álbum de clase** de las salidas fuera del centro.
- Análisis de imágenes de **diferentes** partes del mundo.
- **Contar historias** solo con fotos.

Fuente: Universidad a distancia de la Rioja

Internet en el aula

Internet en el aula se denomina la red social docente desarrollada por el **Instituto Nacional de Tecnologías Educativas (INTEF).**

Permite compartir los diferentes recursos a través de otras redes sociales como *Facebook*, *X*, etc., y consiste en una **comunidad de docentes** que comparten su experiencia y recursos para el uso de las TIC en el aula.

El acceso es gratuito, simplemente hay que registrarse con un correo electrónico, contiene multitud de categorías, entre las que se pueden destacar los webinarios y los talleres, donde se puede encontrar información y formación sobre los diferentes programas y medios TIC y cómo enfocarlos para su uso en el aula.

Por otro lado, también contiene un foro de debate y diferentes grupos donde se pueden compartir las diferentes ideas o herramientas para el mejor uso de los medios digitales en las aulas.

Página principal de Internet en el aula. Fuente: https://internetaula.ning.com/

4.3. Píldoras formativas audiovisuales y *webinars* en abierto o *streaming*

En la actualidad la formación *online* ha propiciado el uso de sistemas formativos más abiertos en la que nos aproximamos a la realidad del aula por medio de sistemas de vídeo. Mediante esta herramienta, conseguimos que la formación sea más eficaz, más atractiva y amena, ya que posibilita la inclusión de elementos multimedia.

De entre los sistemas de mayor éxito, encontramos los cursos MOOC *(Massive Open Online Courses)*, que posibilitan la participación masiva a través de internet.

Píldoras formativas audiovisuales

Las píldoras formativas pueden proponerse en formato vídeo, teniendo como máximo una duración de **15 minutos,** que se usan para el trabajo sobre una temática muy concreta, habitualmente, forman parte de un contenido de una acción formativa de una duración mayor. En estos vídeos se suele realizar un resumen de las partes más importantes de dicha acción formativa.

Píldora formativa

Cuando hablamos de píldoras formativas hacemos referencia a formatos de aprendizaje de corta duración, que facilitan la adquisición de aprendizajes de forma rápida y eficaz sobre una materia concreta.

Las fases de realización de píldoras formativas son las siguientes:

- Definición del objetivo que se quiere conseguir con la píldora formativa
- Creación del contenido, mediante un guion o esquema de la misma
- Creación y desarrollo de un guión gráfico o *storyboard*

RECUERDA

La duración en una píldora formativa no debe superar los 15 minutos y debemos asegurarnos de que se transmite el objetivo a conseguir.

Webinars en abierto o *streaming*

Los *webinars* (webinarios) son seminarios en la web, donde una persona transmite sus conocimientos a un grupo de alumnos.

Las *webinar* suelen realizarse en tiempo real, por lo que el alumnado participante tiene la opción de interactuar, habitualmente mediante un chat. Su principal ventaja es que solo es necesario conexión a internet, por lo que elimina las barreras físicas.

El concepto ***streaming*** hace referencia a un flujo sin interrupción, esta tecnología permite la emisión de un vídeo sin interrupción, los *webinars* se usan habitualmente para una clase, una conferencia o la retransmisión de un evento determinado.

Aunque la mayoría de los *webinars* se realizan por este sistema, también pueden ser grabados, de manera que quedan colgados en un servidor con la posibilidad de ser visualizados en cualquier momento, eliminando también con ello las barreras temporales.

EJEMPLO

A continuación, te mostramos un ejemplo de creación de un vídeo de píldora formativa de máximo 3 minutos.

- Objetivo: Prevenir la violencia machista.
- Contenido: Concepto de violencia machista.
- Tipología de la violencia machista.
- *Storyboard:* Duración del vídeo 3 minutos.
- Definición de violencia de género:

Continúa en página siguiente >>

<< Viene de página anterior

Ley Orgánica 1/2004

Artículo 1, de Protección Integral contra la Violencia de Género:

"Todo acto de violencia (...) que, como manifestación de la discriminación, la situación de desigualdad y las relaciones de poder de los hombres sobre las mujeres, se ejerce sobre éstas por parte de quienes sean o hayan sido sus cónyuges o de quienes estén o hayan estado ligados a ellas por relaciones similares de afectividad, aun sin convivencia. (...) que tenga o pueda tener como resultado un daño o sufrimiento físico, sexual o psicológico para la mujer, así como las amenazas de tales actos, la coacción o la privación arbitraria de la libertad, tanto si se producen en la vida pública como en la vida privada".

Tipos: La violencia de género puede ser de tipo sexual, físico, psicológico y económico; además, puede darse tanto en el espacio público como en la esfera privada.

Las amenazas, la coerción, la manipulación, la violencia de pareja, la violencia sexual, el matrimonio infantil, la mutilación genital femenina y los supuestos "crímenes de honor" son también formas de violencia de género.

Las consecuencias de la violencia de género son devastadoras y las repercusiones para quienes logran sobrevivir pueden ser permanentes. De hecho, la violencia de género puede provocar la muerte de una persona.

Accede desde aquí para visualizar el vídeo:

https://redirectoronline.com/ssce310309

5. Especificaciones de los planes de comunicación en entornos de aprendizaje digital

HILO CONDUCTOR

Para Laura y la profesora del ciclo formativo de Secretariado de Dirección será imprescindible encajar el módulo formativo en el plan de comunicación del centro para el que lo están desarrollando, por ello tendrá que investigar sobre las especificaciones de un plan de comunicación en los entornos digitales.

Los planes de comunicación de los centros educativos tienen como objetivo dar a conocer el propio centro a la sociedad en general y en especial a los miembros de la comunidad educativa.

La realización de un plan de comunicación conlleva la división del mismo en dos partes: **comunicación interna** y **comunicación externa.**

En la parte de comunicación interna se situarán aquellos procesos comunicativos que permiten la **organización y planificación** del centro educativo, en la parte dedicada a la comunicación externa se incluirán aquellos procesos comunicativos que ayudan a mejorar la visibilidad del centro educativo.

De forma general, los objetivos de los planes de comunicación son:

1. Mejorar la comunicación en el centro y organizar una comunicación eficiente entre los miembros de la comunidad educativa.
2. Fomentar nuevos canales comunicativos para divulgar los acontecimientos de interés para la propia comunidad educativa.
3. Actualizar los diferentes perfiles en redes sociales del centro con regularidad.
4. Coordinar los canales de comunicación externa del centro.
5. Facilitar la participación del profesorado, alumnado, gestores y familias.
6. Mejorar la transparencia del centro educativo.
7. Establecer mejores relaciones y más permanentes con los agentes de la comunidad educativa.
8. Posicionar al centro educativo del entorno social.

5.1. Requisitos de un buen plan de comunicación didáctico

Un buen plan de comunicación de un centro educativo debe establecer la forma de dirigir la información a cada una de las personas interesadas, bien sea de las personas que forman parte del propio centro educativo, o de las personas externas al mismo.

Los documentos que debe recoger un plan de comunicación son:

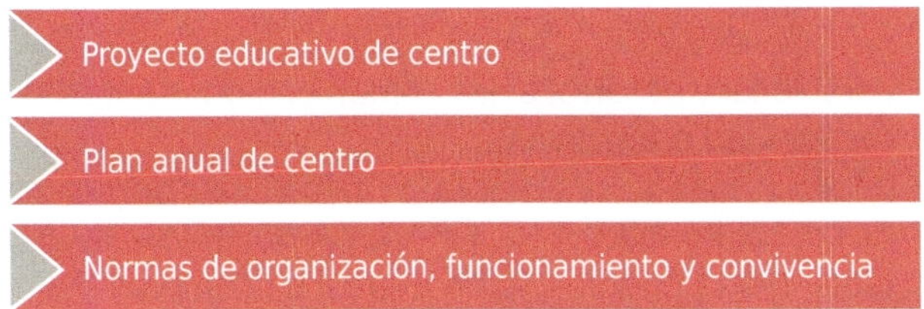

Para la elaboración de un buen plan de comunicación se deberán tener en cuenta la definición de las siguientes partes:

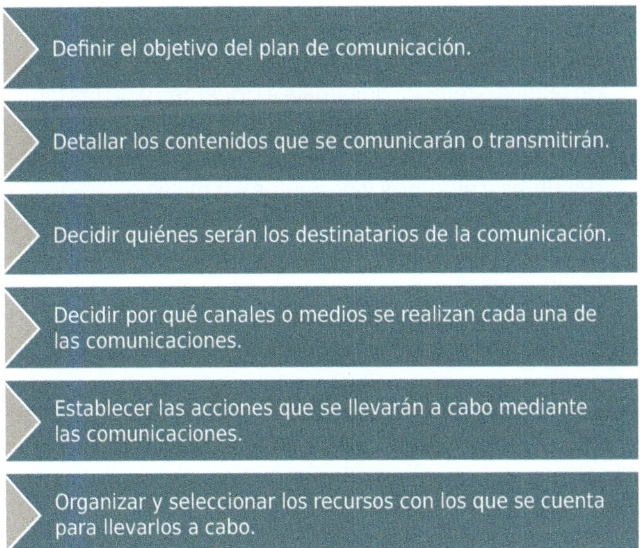

Tal y como hemos comentado, la elaboración de un plan de comunicación lleva a división del mismo en dos partes. A continuación, vas a ver en qué consiste cada una:

- **Plan de comunicación interno.** Se encuentran aquí las relaciones de comunicación que se producen entre las personas que son miembros de la comunidad educativa y que están en el centro: alumnado, familias, docentes, equipo directivo y personal de administración y servicios.
  En esta parte del plan de comunicación se incluirán **los contenidos organizativos del centro,** tales como las reuniones, las tutorías, las reuniones o citas con las familias, eventos, excursiones o salidas, procesos de matriculación, evaluaciones, etc.
  Los **objetivos** que deben contener los planes de comunicación interna son los siguientes:

  - Establecer y desarrollar las comunicaciones entre los miembros de la comunidad educativa.
  - Informar a las familias sobre las actividades del centro y las obligaciones del alumnado.
  - Mantener la comunicación entre los miembros del equipo de profesores.
  - Visibilizar las acciones realizadas a lo largo del curso escolar.

  El **público** al que va destinado este plan de comunicación interno:

  - **Alumnado:** establecerá las relaciones de comunicación de alumno a alumno, de alumno a profesor y de alumno a centro.
  - **Las familias o tutores legales:** estableciendo las comunicaciones de familia a familia, de familia a docentes y de las familias con el resto de la comunidad educativa.
  - **Docentes:** establecerá las comunicaciones entre docente-docente, docentes y alumnos y docentes y familias.
  - **Personal de administración y servicios:** se trata del personal de secretaría, subalternos, limpieza y mantenimiento.
  - **Equipo directivo.**
  - **Órganos colegiados:** comisión de coordinación pedagógica, equipos docentes, consejo escolar, comisión económica.

- **Plan de comunicación externo.** En esta parte del plan se recogerán las **acciones comunicativas** que se realicen con la comunidad educativa y la población en general, las empresas, los organismos y entidades sociales y locales.
  La información que se recogerá estará integrada por las fechas de matriculación y oferta formativa, el organigrama del centro, contactos, calendarios escolares, normas y horarios para la atención al público, próximos proyectos del centro, noticias sobre eventos destacados, etc.

Los objetivos que se recogerán en este plan de comunicación externo son:

- Organizar una comunicación óptima y eficiente con la comunidad educativa.
- Reforzar la imagen del centro y su identidad.
- Informar y compartir actividades, proyectos, logros, eventos, etc.
- Mejorar la transparencia del centro educativo.
- Fortalecer las relaciones con la comunidad y posicionar al centro en su entorno social.

El público destinatario de esta parte del plan de comunicación será el siguiente:

- **Alumnado:** tanto actuales como antiguos alumnos.
- **Familias:** comunicación con profesores, tutores, equipo directivo.
- **Profesorado:** claustro de profesores, equipo directivo, profesorado especialista, etc.
- **Inspectores de centro.**
- **Administración educativa.**
- **Otros centros:** para el intercambio de información y el trabajo colaborativo.
- **Empresas, proveedores, etc.**

APLICACIÓN PRÁCTICA

El centro educativo de formación profesional Al-Ándalus está desarrollando un plan de comunicación de centro, uno de sus destinatarios serán las empresas de su barrio en las que realizan las prácticas el alumnado del centro. ¿En qué tipo de plan de comunicación estarán enmarcadas dichas empresas?

Solución

Las empresas en las que el alumnado realiza las prácticas estarán enmarcadas en el plan de comunicación externo, ya que, aunque pertenezcan a la comunidad educativa y el alumnado participe en sus instalaciones, no se encuentran dentro del centro educativo.

5.2. Herramientas digitales para implementar un plan de comunicación didáctico: foros, boletines o *newsletters*, encuentros digitales, mensajería y redes sociales

Los medios digitales nos aportan diferentes posibilidades de comunicación que encajan con los objetivos del plan de comunicación diseñado, tanto en los medios internos como externos. Algunas de las herramientas digitales disponibles son las siguientes:

- **Foro.** Se trata de una herramienta que va a permitir el encuentro e intercambio de opiniones de un grupo de personas, el foro va a permitir que esta comunicación se produzca de manera síncrona o asíncrona. Su objetivo es propiciar el debate sobre puntos de interés común, podrán clasificarse en foros públicos, privados y protegidos. La mayoría de las conversaciones van a quedar registradas y guardadas, con lo que permite observar la evolución de las opiniones a lo largo del tiempo.
- **Boletines o *newsletter.*** Se trata de un correo electrónico que se envía a una lista de personas que se han suscrito porque están interesadas en determinada materia. Las publicaciones se envían de forma regular, pudiendo ser semanales, mensuales, bimensuales o trimestrales, y da la posibilidad de compartir contenidos sobre noticias, eventos de interés, etc.
- **Encuentros digitales.** Se trata de una acción en la que se invitan a diferentes personas para conversar sobre asuntos de interés, puede tratarse de una entrevista a una persona de interés o una conversación entre varias personas. Habitualmente, estos encuentros digitales van a poder reproducirse en los diferentes formatos de vídeo y en *streaming,* no obstante, también pueden ser grabados y reproducirse en otro momento.
- **Mensajería.** El *e-mail* puede ser un instrumento de comunicación muy valioso para un centro educativo, dentro del plan de comunicación puede estar recogido tanto para permitir la comunicación interna como externa. El *e-mail* va a permitir que, además del propio texto que contiene habitualmente el *e-mail,* se adjunte otro tipo de archivos, como audio, vídeo o imagen. Será necesario prestar especial atención a la redacción del texto y que su contenido y el lenguaje empleado esté en consonancia con el público al que va dirigido.
- **Redes sociales.** Como ya hemos visto, se han convertido en el gran vehículo de comunicación del presente, las personas están conectadas en todo momento y la mayoría de las personas poseen un perfil en alguna de las redes sociales, como *Facebook, X, Instagram* o *TikTok,* que habitualmente están diseñadas para ser usadas en los dispositivos móviles. Las redes sociales permiten a los centros educativos la posibilidad de llegar a toda la comunidad educativa y poder interactuar con todos sus componentes.

Puedes acceder desde aquí para obtener más información sobre la creación de *newsletter*:

https://redirectoronline.com/ssce31031

6. Caracterización de la comunicación en entornos de aprendizaje

HILO CONDUCTOR

Laura ha podido comprobar que el uso de redes sociales en posible para los nuevos procesos de enseñanza-aprendizaje y ha convencido a su profesora de prácticas de incorporarlos al módulo formativo, no obstante, los criterios que deberán seguir para la comunicación, tanto con redes sociales como por otros medios, deben quedar claros, para lo que ambas se proponen la realización de un plan de comunicación de centro.

El proceso de enseñanza aprendizaje es un proceso de comunicación interactivo, en el que se produce la comunicación bidireccional entre docentes y alumnado.

En este proceso no solo interviene la palabra propiamente dicha, sino que en el proceso comunicativo en los entornos de aprendizaje también intervienen una serie de estímulos como son:

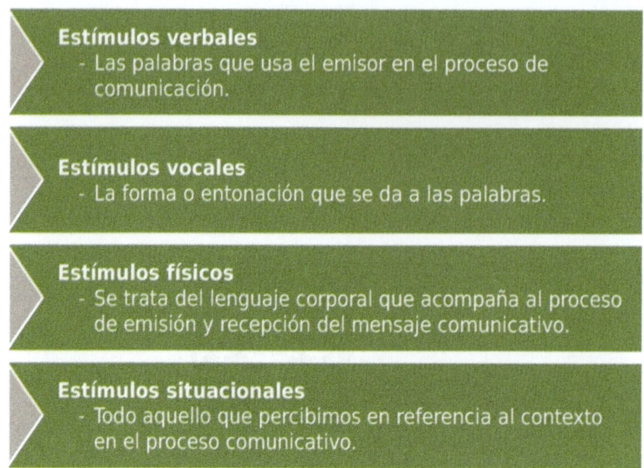

Tipos de estímulos en la comunicación según Hennings (1995):

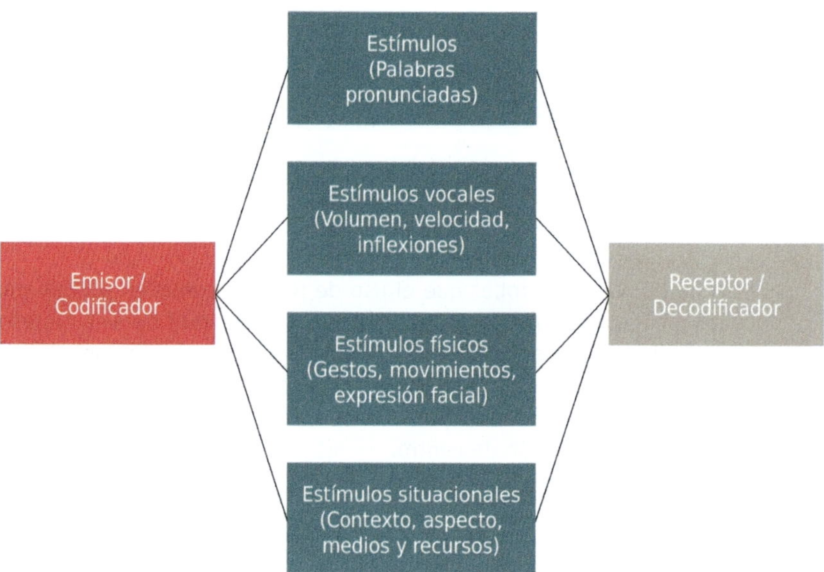

En las acciones formativas podemos diferenciar entre la siguiente tipología de comunicación:

- **Comunicación según el código que se use.** De esta manera, podremos hablar de comunicación verbal, gestual, escrita y visual.

- **Comunicación según la temporalidad en que se produce el acto comunicativo.** De esta manera, podremos diferenciar entre la comunicación síncrona, cuando emisor y receptor se encuentran en el mismo tiempo, y comunicación asíncrona, cuando emisor y receptor del mensaje se encuentran en momentos temporales diferentes.
- **Comunicación según el tipo de contenido.** De esta manera, podremos diferenciar entre la comunicación formal, que es aquella que está sujeta a unas normas (ortográficas, de protocolo, etc.), y la comunicación informal, que permite que el mensaje se produzca de una forma más cercana y personal.

APLICACIÓN PRÁCTICA

Marcos es alumno de un módulo de FP básica de Cocina y Restauración, ha realizado prácticas en un gran hotel de la costa que estaba completo. Su actitud ha sido impecable y ha resultado ser un alumno excepcional, por lo que en el hotel han quedado muy contentos con él, tanto que su tutor de prácticas ha enviado un *e-mail* al centro educativo dando la enhorabuena por el trabajo realizado y ofreciendo un puesto de trabajo para cuando Marcos termine su formación. Puedes identificar, en base a la tipología de la comunicación, de qué tipo se trata.

Solución

Según el contenido del mensaje y la forma en que se produce, la comunicación mediante *e-mail* es escrita, aunque pueda contener archivos de audio y vídeo; por otro lado, se trata de un tipo de comunicación que no se produce al mismo tiempo entre emisor y receptor, es decir se trata de una comunicación asíncrona.

Por último, se entiende que es una comunicación formal, pues viene de parte de una empresa a un centro educativo, y el motivo exige una cierta formalidad.

6.1. Nuevas tecnologías de comunicación con otros profesionales a través de herramientas digitales

El nuevo marco de competencia digital docente DigiCompEdu, por el que se desarrollan las competencias digitales que deben estar presentes en el desempeño de la profesión docente, establece como competencia profesional propia de los mismos, dentro del área del compromiso profesional, la competencia de **participación, colaboración y coordinación profesional.**

Marco de Referencia de la Competencia digital Docente

Competencias profesionales de los docentes

3. COMPROMISO PROFESIONAL

3.1 Comunicación organizativa
3.2 Participación, colaboración y coordinación profesional
3.3 Práctica reflexiva
3.4 Desarrollo profesional digital
3.5 Protección de datos personales, privacidad, seguridad y bienestar digital

Competencias pedagógicas de los docentes

1. ENSEÑANZA Y APRENDIZAJE

1.1 Enseñanza
1.2 Orientación y apoyo en el aprendizaje
1.3 Aprendizaje entre iguales
1.4 Aprendizaje autorregulado

5. EMPODERAMIENTO DEL ALUMNADO

5.1. Accesibilidad e inclusión
5.2. Atención a las diferencias personales en el aprendizaje
5.3. Compromiso activo del alumnado con su propio aprendizaje

2. CONTENIDOS DIGITALES

2.1 Búsqueda y selección de contenidos digitales
2.2 Creación y modificación de contenidos digitales
2.3 Protección, gestión y compartición de contenidos digitales

4. EVALUACIÓN Y RETROALIMENTACIÓN

4.1. Estrategias de evaluación
4.2. Analíticas y evidencias de aprendizaje
4.3. Retroalimentación y toma de decisiones

Competencias docentes para el desarrollo de la competencia digital del alumnado

6. DESARROLLO DE LA COMPETENCIA DIGITAL DEL ALUMNADO

6.1. Alfabetización mediática y en el tratamiento de la información y de los datos
6.2. Comunicación, colaboración y ciudadanía digital
6.3. Creación de contenidos digitales
6.4. Uso responsable y bienestar digital
6.5. Resolución de problemas

DEFINICIÓN

Competencia Digital Docente

La descripción que se establece para esta competencia es la siguiente:

"Utilizar las tecnologías digitales para participar en los órganos colegiados de gobierno y de coordinación docente del centro, para coordinarse con los integrantes de los equipos docentes, de los servicios de orientación y apoyo educativo, así como para colaborar con profesorado de otros centros, educadores y miembros de otras instituciones en el desarrollo de planes y proyectos específicos promovidos desde el centro educativo".

La comunicación entre profesionales a través de las herramientas digitales en el sector de la docencia podrá darse tanto, de forma interna, dentro de la gestión organizativa del propio centro, como de forma externa, para la interrelación y coordinación con otros profesionales, bien para realizar trabajos colaborativos o bien para compartir experiencias, tanto aquellas que han resultado exitosas y pueden suponer una buena práctica, como aquellas que no lo han sido tanto.

Los contenidos descritos en DiCompEdu para esta competencia profesional consisten en lo siguiente:

- Conocimiento y aplicación de protocolos y uso de herramientas digitales que permitan la colaboración, coordinación y participación ofrecidos por la Administración estatal o titulares de centro.
- Estrategias metodológicas de participación, colaboración y coordinación profesional docente en entornos digitales.

Las acciones profesionales en las que se desarrolla esta competencia son:

1. Usar las tecnologías digitales para la colaboración con otros profesionales en proyectos específicos.
2. Uso de las tecnologías en la participación en reuniones, toma de decisiones y desarrollo de funciones en órganos colegiados de organización docente.

3. Colaboración en el diseño y desarrollo de la estrategia digital de centro.
4. Coordinar el uso de las TIC en la elaboración y desarrollo del proyecto educativo de centro y del plan digital de centro.
5. Colaboración y desarrollo a través de entornos digitales de los diferentes niveles curriculares del centro.
6. Coordinar a través de medios digitales las actuaciones del centro con los actores educativos externos al mismo.
7. Usar las tecnologías digitales para la colaboración con docentes de otros países europeos.

IMPORTANTE

Para compartir materiales herramientas, metodologías y actividades, etc., están disponibles los siguientes canales:

- *Twitter-X:* se pueden realizar búsquedas con las etiquetas: #teletrabajodocente, #aprendoencasa.
- *Telegram:* Canal Teletrabajo Docente.

PARA SABER MÁS

Puedes acceder desde aquí para obtener más información sobre esta competencia:

https://redirectoronline.com/ssce310311

6.2. Tutorización en la acción formativa creada. Tipos de tutorización y justificación de las mismas

El diseño de las tutorías digitales tendrá en consideración el uso de las tecnologías y servicios digitales para tener en cuenta la seguridad y la protección de los datos, así como la mejora de la interacción individual y colectiva con el alumnado, tanto dentro como fuera de las sesiones de aprendizaje.

Planificar una tutoría con medios digitales va a suponer el desarrollo de una serie de funciones por parte del tutor de la acción formativa:

- **Pedagógica.** En la que la persona tutora guiará el proceso de aprendizaje fomentando el espíritu crítico y el desarrollo de las competencias y habilidades en el alumnado que se propongan en la acción formativa.
- **Orientadora.** La persona que tutoriza al grupo de aprendizaje será la persona encargada de guiar el aprendizaje y orientar al alumnado en la creación de un itinerario formativo individualizado.
- **Social.** Promoviendo el desarrollo de un entorno adecuado para el desarrollo de las sesiones, que promuevan y faciliten la motivación para el aprendizaje.
- **De gestión.** Con el desarrollo de esta función los tutores de las acciones formativas se encargarán de tomar decisiones sobre los itinerarios de las acciones formativas, los objetivos y la planificación de la actividad docente.
- **Técnica.** El tutor deberá promover el adecuado uso por parte del alumnado y la accesibilidad a los contenidos y actividades, facilitando que el sistema sea amigable.

Las competencias que pondrán en desarrollo cada una de estas funciones serán las siguientes:

- **Pedagógica:**

  - Informar y explicar los contenidos presentados.
  - Responder al trabajo del alumnado.
  - Asegurarse de que el alumnado está alcanzando los objetivos.
  - Diseñar y ajustar las actividades.
  - Resumir y producir el *feedback* de las aportaciones del alumnado.
  - Valorar grupal e individual de las actividades realizadas.

- **Orientadora:**

  - Facilitar las técnicas de trabajo para el desarrollo del proceso de aprendizaje por parte de cada alumno.

- Realizar recomendaciones a nivel grupal e individual sobre la realización de los trabajos y actividades propuestas.
- Conocer los ritmos de trabajo de cada alumno y promover que sea el adecuado.
- Motivar al alumnado e informarles de sus progresos y carencias.
- Ejercer de guía y orientador de cada alumno.

Social:

- Recibir y dar la bienvenida al alumnado.
- Motivar a la participación del alumnado en las acciones grupales e individuales.
- Guiar y orientar las intervenciones del alumnado.
- Proponer actividades para el logro de los objetivos.
- Dinamizar las actividades grupales.

Gestión:

- Establecer el calendario y las normas de funcionamiento de la acción formativa.
- Coordinación con el resto del equipo docente y con la organización del centro.
- Organizar los trabajos colaborativos del alumnado y facilitar la interacción entre los grupos.
- Establecer estructuras para la comunicación.
- Facilitar la información significativa con respecto al centro.
- Establecer el contacto con expertos u otros profesionales.

Técnica:

- Asegurarse de que los medios técnicos son los adecuados para el proceso y que son accesibles para el alumnado.
- Facilitar el apoyo técnico al alumnado en caso de ser necesario.
- Organizar actividades formativas específicas.
- Gestionar los grupos de trabajo colaborativos.
- Diseñar, modificar e incorporar materiales y actividades a la acción formativa.
- Establecer el contacto con el administrador del sistema.
- Usar adecuadamente las herramientas tecnológicas para la comunicación dentro de la acción formativa.

IMPORTANTE

Las tutorías en las acciones formativas por medios digitales podrán realizarse de forma síncrona y asíncrona.

Plan de comunicación con el alumnado

El plan de comunicación consistirá en una estrategia diseñada y planificada de manera consciente para relacionarse tanto de forma interna, como de forma externa al centro. De ahí que habitualmente el plan de comunicación de centro contenga estas dos secciones de forma principal.

En cada una de ella se deberán contener los siguientes apartados:

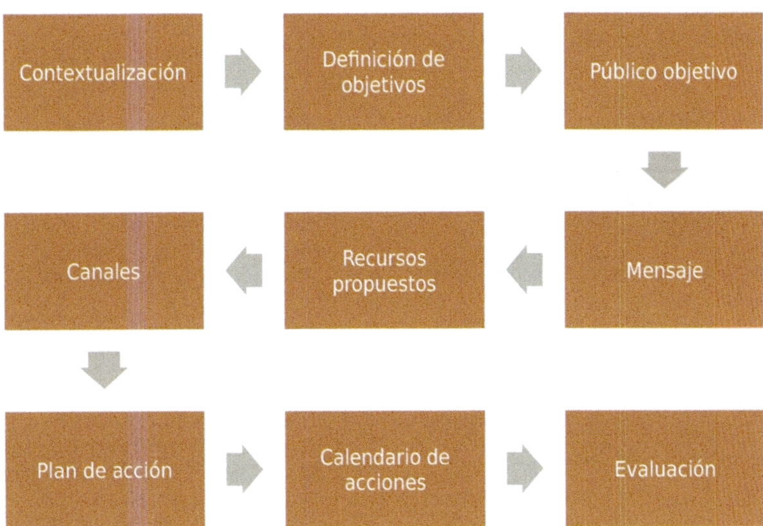

IMPORTANTE

Los objetivos del plan de comunicación del centro se concentrarán en la mejora de la calidad educativa y, en última instancia, en la creación de una comunidad educativa.

En cuanto a los medios y herramientas usadas, podremos diferenciar entre aquellas que son totalmente abiertas, como por ejemplo la red social *X*; o bien pueden ser canales más específicos o cerrados, como puede ser la creación de un grupo de *Facebook*.

EJEMPLO

Ejemplo de plan de comunicación externo

PÚBLICO	CANAL	OBJETIVOS
Sociedad Profesores Familias Alumnos	Página web del centro	Información de carácter general sobre el funcionamiento del centro; horarios del personal de administración, secretaría, tutorías; dirección, situación del centro, etc. PÚBLICO
	Página *Facebook*	Noticias sobre el centro, actividades extraescolares, etc. PÚBLICO
	Murales de *Pinterest*	Los murales *Pinterest* se utilizarían con objetivos específicos de ciertos grupos para publicitar su actividad a la sociedad. Muchas de esas noticias se publicarán también en la página de *Facebook* como por ejemplo si se ha ganado algún premio, participación en concursos, intercambios con otros centros, proyectos *etwinning*, etc. PÚBLICO
	Canal *Youtube*	Publicar vídeos de las actividades públicas de la comunidad educativa y vídeos educativos realizados por profesores con sus alumnos.

Continúa en página siguiente >>

<< *Viene de página anterior*

PÚBLICO	CANAL	OBJETIVOS
Profesorado Familias Alumnos	Cuenta *X*	Noticias, evento, modificaciones en la vida diaria de la comunidad educativa. PÚBLICO
Profesores Familias	Sistema de gestión docente (WAF)	Coordinación de los profesores de un mismo grupo de alumnos, coordinación de tutorías, información pertinente para las familias 8 notas, faltas, apercibimientos, etc.) PRIVADO
Profesores Alumnos	Blog del centro/ blog profesores	Los blogs de aula de los profesores que servirán como fuente de recursos para el desarrollo de tareas y estudio por parte de los alumnos. PÚBLICO
	Moodle	Organizar los contenidos de las diferentes asignaturas, ejercicios, autoevaluación, evaluación, etc. SEMIPÚBLICO/PRIVADO
Dirección Profesorado	Correo electrónico	Comunicación de temas docentes y organizativos. PRIVADO

IMPORTANTE

El objetivo fundamental de los planes de comunicación de los centros será el de facilitar entornos de aprendizajes relevantes para el alumnado, integrados y situados en sus contextos locales y en relación con la sociedad que les rodea.

6.3. Recursos o herramientas digitales para llevar a cabo las comunicaciones: *e-mail* de bienvenida al curso, recordatorios, despedidas y eventos *online* entre otros

La comunicación con el alumnado debe usar en todo momento un lenguaje claro y conciso, que llegue con facilidad al alumnado y le motive para la acción y participación.

El mensaje inicial o correo de bienvenida contendrá toda la información que el alumnado va a necesitar en su ingreso a la acción formativa:

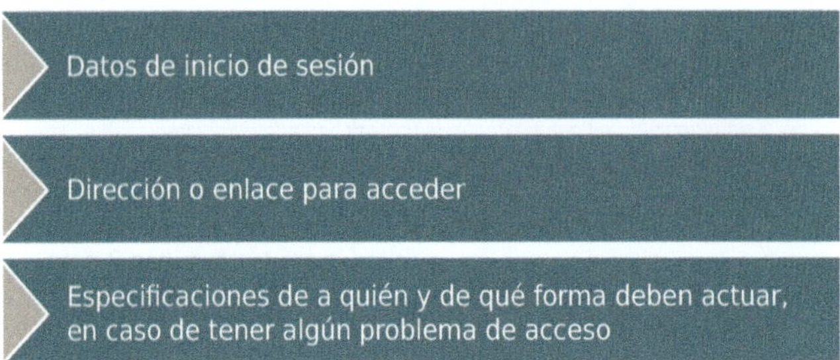

Lo ideal es que este correo se envíe con tiempo suficiente para que todo el alumnado haya podido resolver cualquier incidencia antes de la fecha prevista para el inicio de la acción formativa.

EJEMPLO

Un ejemplo de estructura para la redacción de estos *e-mails* podría contener las siguientes partes:

- Recomendaciones previas para el alumnado.
- Objetivo que se pretende lograr con la acción formativa.
- Actividades que se van a realizar.

Las **actividades de recordatorios, despedidas o eventos *online*** se podrán realizar mediante este mismo sistema, es decir, el envío de un *e-mail* al alumnado, aunque también dependiendo del tipo de entorno virtual de aprendizaje en el que estemos se podrán programar de forma automática, como *push-up* de la plataforma o mediante otros sistemas.

A continuación, te mostramos algunos ejemplos:

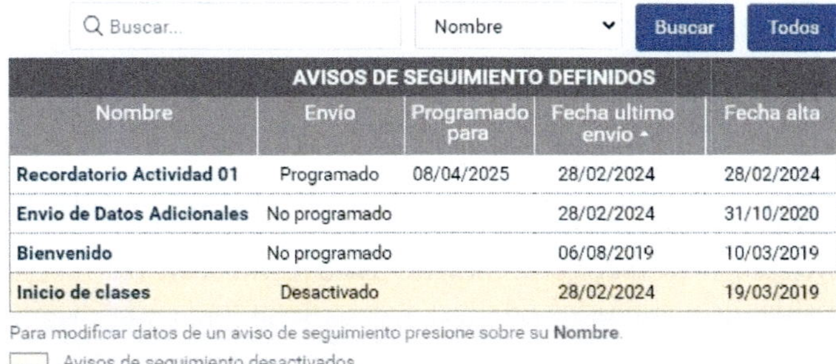

Buscar... | Nombre | Buscar | Todos

AVISOS DE SEGUIMIENTO DEFINIDOS				
Nombre	Envío	Programado para	Fecha ultimo envío	Fecha alta
Recordatorio Actividad 01	Programado	08/04/2025	28/02/2024	28/02/2024
Envio de Datos Adicionales	No programado		28/02/2024	31/10/2020
Bienvenido	No programado		06/08/2019	10/03/2019
Inicio de clases	Desactivado		28/02/2024	19/03/2019

Para modificar datos de un aviso de seguimiento presione sobre su **Nombre**.

Avisos de seguimiento desactivados

Ejemplo de establecimiento de avisos de seguimiento

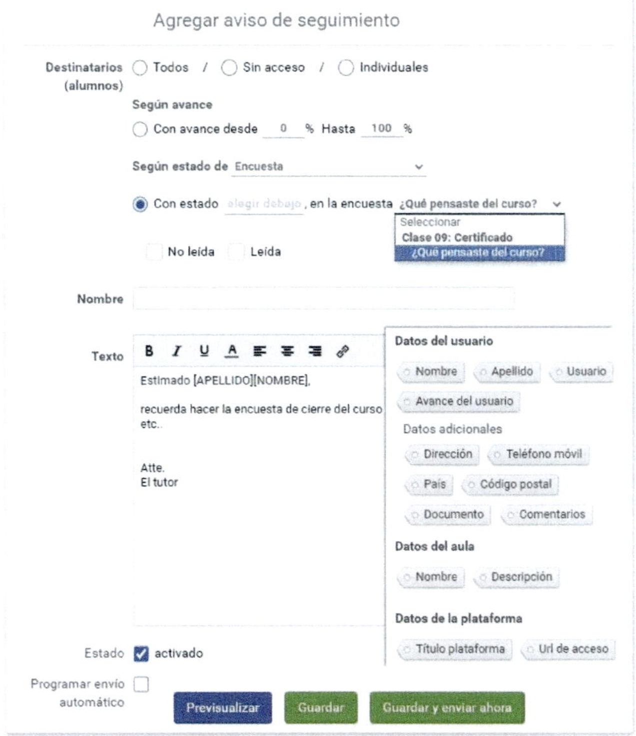

Agregar aviso de seguimiento

Destinatarios (alumnos) Todos / Sin acceso / Individuales

Según avance

Con avance desde 0 % Hasta 100 %

Según estado de Encuesta

Con estado elegir debajo , en la encuesta ¿Qué pensaste del curso?

Seleccionar

Clase 09: Certificado

¿Qué pensaste del curso?

No leída Leída

Nombre

Texto

Estimado [APELLIDO][NOMBRE],

recuerda hacer la encuesta de cierre del curso etc..

Atte.

El tutor

Datos del usuario

Nombre Apellido Usuario

Avance del usuario

Datos adicionales

Dirección Teléfono móvil

País Código postal

Documento Comentarios

Datos del aula

Nombre Descripción

Datos de la plataforma

Título plataforma Url de acceso

Estado activado

Programar envío automático

Previsualizar Guardar Guardar y enviar ahora

Ejemplo de formulario para el ingreso de un aviso de seguimiento

7. Resumen

Las actividades de aprendizaje se definen como "aquellas propuestas de trabajo dirigidas a los estudiantes que le ayudan a comprender, analizar, sintetizar y valorar los contenidos propuestos en los diferentes materiales y convertir la información librada en bruto en un conjunto de conocimientos, habilidades y actitudes relativas a la materia trabajada" (Cabero y Román, 2006).

Las actividades estarán vinculadas a la evaluación de las actividades formativas, para determinar la forma de evaluación será importante tener en cuenta lo siguiente:

Los entornos virtuales de aprendizaje se definen como una aplicación web que integra un conjunto de herramientas para la enseñanza-aprendizaje en línea, permitiendo una enseñanza no presencial *(e-learning)* y/o una enseñanza mixta *(b-learning),* donde se combina la enseñanza en internet con experiencias en la clase presencial (Fernández-Pampillón Cesteros, 2010).

Las principales funciones de las plataformas educativas son:

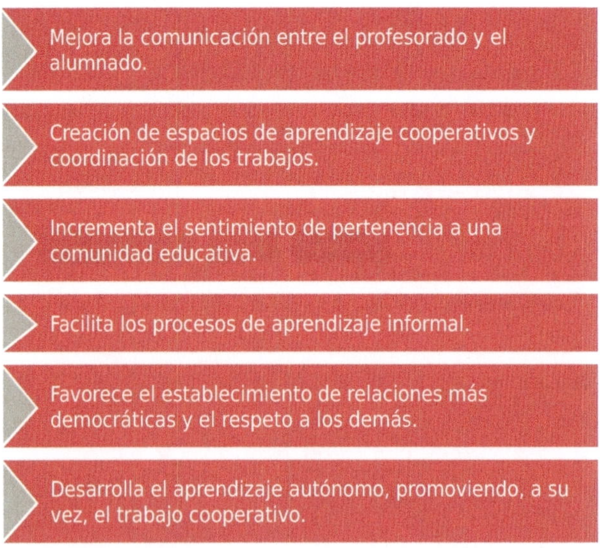

Ejercicios de autoevaluación Unidad de Aprendizaje 3

1. **¿Cuál de las siguientes no es un tipo de actividad para la individualización de la enseñanza?**

    a. Búsqueda y organización de la información
    b. Contratos de aprendizaje
    c. Preguntas de grupo
    d. Estudio con materias

2. **¿Cuál de las siguientes es una actividad de trabajo colaborativo?**

    a. Estudio de casos
    b. Simposio
    c. Tutoría *online*
    d. Contratos de aprendizaje

3. **¿Cuál de los siguientes no es un tipo de prueba de evaluación?**

    a. Cuestionarios y formularios
    b. Pruebas diagnósticas
    c. Pruebas objetivas
    d. Test de entrevistas

4. **Señala cuál de las siguientes no es una ventaja de los entornos virtuales de aprendizaje EVA.**

    a. Permite un mayor número de alumnos por clase
    b. Exigencia de conocimientos tecnológicos
    c. Es más flexible
    d. Es más económico

5. **Indica cuál de los siguientes no es una característica de los EVA.**

    a. Flexibilidad
    b. Escalabilidad
    c. Estandarización
    d. Individualidad

6. **Determina si la siguiente oración es verdadera o falsa: "Atendiendo a su tipo de licencia, los EVA pueden ser propietarios o de código abierto".**

   - Verdadero
   - Falso

7. **Las herramientas de comunicación síncronas son:**

   a. Videoconferencia-foro-pizarra compartida
   b. Videoconferencia-chat-pizarra compartida
   c. Listas de distribución-foro-pizarra compartidaCorreo electrónico-foro-listas de distribución

8. **¿Cuál de los siguientes no es un tipo de repositorio?**

   a. Imágenes
   b. Sonido
   c. Vídeo
   d. Palabras

9. **Determina si la siguiente oración es verdadera o falsa: "La asignación de tareas, mediante la entrega de un documento o archivo que se adjunta en el espacio para la entrega, puede admitir diferentes formatos, como procesadores de texto, PDF, imágenes u hojas de cálculo".**

   - Verdadero
   - Falso

10. **Señala cuál de los siguientes no es un beneficio didáctico de las redes sociales.**

    a. Trabajo colectivo
    b. Gratuidad
    c. Permite la geolocalización
    d. Permite compartir material multimedia

Unidad de aprendizaje 4

Entornos de Aprendizaje Digitales

Contenido

1. Introducción
2. Caracterización de los entornos virtuales de aprendizaje
3. Uso de herramientas de creación de contenidos digitales
4. Manejo de sistema de gestión de aprendizaje
5. Implementación de una actividad formativa en un sistema de gestión de aprendizaje
6. Resumen

Objetivos

El objetivo general de esta Unidad de Aprendizaje es:

→ Utilizar los entornos virtuales de aprendizaje, aplicando herramientas de creación de contenidos digitales y sistemas de gestión de aprendizaje.

Los objetivos específicos de esta Unidad de Aprendizaje son:

→ Analizar las ventajas de trabajar con un sistema de gestión de aprendizaje o LMS.

→ Organizar y planificar el trabajo durante el desarrollo de las actividades colaborativas.

→ Reconocer los diferentes roles de acceso a las plataformas educativas o espacios virtuales de aprendizaje.

→ Identificar las diferentes herramientas de creación de contenidos y aplicar los conocimientos para la creación de contenidos concretos.

1. Introducción

Las plataformas virtuales de aprendizaje, LMS o entornos para el aprendizaje virtual, son elementos de uso habitual en las acciones formativas, bien sean totalmente *online*, o bien para entornos *blended learning* de formación a distancia o, simplemente, como apoyo a las acciones presenciales. En resumen, en la actualidad, el uso y manejo con cierta destreza de estos entornos es fundamental para el desarrollo de las acciones formativas.

Existen multitud de plataformas con características diferentes, desde plataformas de *software* libre, que pueden ser usadas y adaptadas a cualquier persona o entidad, hasta las plataformas o entornos virtuales que son creados por empresas u organizaciones para su comercialización o uso por una determinada entidad.

Una vez que Laura ha asumido los conocimientos necesarios para poder desarrollar el módulo de asistencia a la dirección con sus objetivos, contenidos y actividades, llegará el momento que dichos elementos sean plasmados en un entorno virtual de aprendizaje.

2. Caracterización de los entornos virtuales de aprendizaje

 **HILO CONDUCTOR**

Laura ya ha realizado una planificación de objetivos, contenidos y actividades didácticas, llegados a este punto, será necesario seleccionar una plataforma o entorno virtual de aprendizaje para dar vida a la acción formativa. Para ello, su profesora-tutora le propone que realice una investigación sobre los EVA, para poder decantarse por uno u otros.

Las principales **características** de los EVA son las siguientes (Boneu, 2007):

- **Interactividad.** Los entornos virtuales de aprendizaje pondrán al alumnado en el centro de su propio aprendizaje, para lo que será necesario que se pueda interactuar con él en la gestión de los propios ritmos de aprendizaje.

- **Flexibilidad.** Los EVA contendrán una serie de funcionalidades que les permitirán la adaptación a las necesidades de diferentes tipos de organizaciones, instituciones, planes de estudio, contenidos variables y estilos pedagógicos diferentes.
- **Escalabilidad.** Posibilidad de los entornos virtuales de adaptarse a las necesidades de pequeños grupos de aprendizaje, o de grandes grupos.
- **Estandarización.** Los entornos virtuales de aprendizaje deben tener la posibilidad de importar y exportar contenidos en formatos estándares o SCORM.

SCORM

Shareable content object reference model. Son un conjunto de estándares y especificaciones que permiten crear objetos pedagógicos estructurados, cuyos objetivos fundamentales son facilitar la portabilidad de contenido de aprendizaje, poder compartirlo y reusarlo.

2.1. Concepto de entorno virtual de aprendizaje

Cuando hablamos de **entornos virtuales de aprendizaje** (**EVA**) estamos haciendo referencia a **plataformas informáticas** que funcionan en entornos web que permiten el desarrollo de los procesos de enseñanza-aprendizaje.

En una primera instancia, este tipo de programas fueron pensados para los procesos de enseñanza-aprendizaje íntegramente a distancia, no obstante, son usados tanto en estos sistemas, como en modelos de enseñanza de aprendizaje tipo *blended learning* (semipresenciales) como en otro tipo de acciones, como los MOOC, que son más específicas y abiertas.

MOOC

Massive Online Open Courses. Son diferentes formatos de clases o lecciones impartidas a través de EVA que habilitan el proceso de enseñanza-aprendizaje a miles de usuarios.

La clasificación de los EVA puede realizarse de diferentes formas, según su finalidad, pueden clasificarse del siguiente modo:

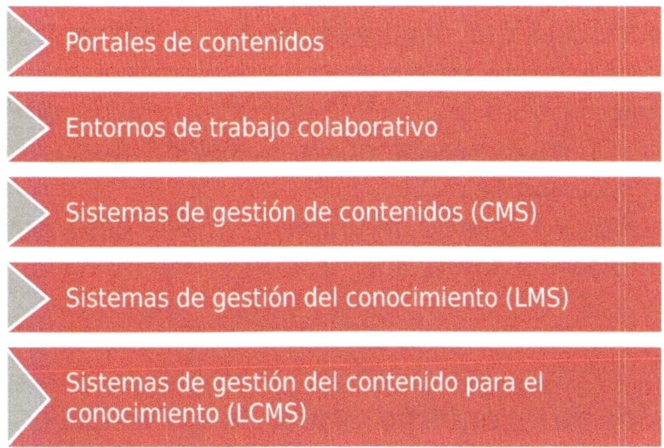

El tipo de sistemas que conforman los EVA son del tipo **LMS *o Learning Management System,*** sistemas de gestión del aprendizaje. Las características de los EVA son:

1. Permiten el acceso a través de navegadores, habitualmente mediante una contraseña.
2. Integran, de forma coordinada y estructurada, diferentes módulos y disponen de un interfaz gráfico intuitivo que permite acceder a ellos.
3. Contienen diferentes módulos para la gestión de las acciones formativas y su administración, la organización de las acciones, calendarización, gestión de contenidos y actividades, seguimientos y evaluaciones.
4. Disponen de diferentes roles de acceso para administradores, docentes, tutores y alumnado. Las funcionalidades están determinadas por el rol de acceso, adaptándose a las características y necesidades de la persona usuaria.
5. Permiten las comunicaciones entre las personas usuarias del entorno.
6. Contienen diferentes tipos de actividades que pueden ser usadas en las acciones formativas.
7. Facilitan el seguimiento y evaluación de los progresos del alumnado.

Algunos ejemplos de estos entornos virtuales de aprendizaje son los siguientes:

- ***Moodle.*** Sin duda el más famoso y, quizá, el más usado, se trata de una *software* de código abierto, su uso es relativamente sencillo, por lo que permite que cualquier persona pueda implementar las acciones educativas *online.*

- ***Google Classroom.*** También de código abierto, desarrollado por *Google,* permite la implementación de todas las herramientas que proporciona para el desarrollo de las acciones formativas.
- ***Schoology.*** Se trata de un entorno de código abierto, de uso sencillo y fácil manejo, que también supone una red social donde docentes y alumnos pueden interactuar y compartir recursos para el aprendizaje.
- ***Chamilo.*** Se trata de otro EVA de código abierto, promovido por la asociación Chamilo, cuyo propósito es mejorar la educación y dar acceso a ella a nivel mundial.
- ***NEO LMS.*** Se trata de un entorno, en este caso, privado, de uso para alumnado y docentes.

2.2. Elementos de un entorno virtual de aprendizaje

Será importante reconocer las características de los EVA que tenemos al alcance para desarrollar las acciones formativas, ya que la metodología pedagógica y la calidad de las acciones de enseñanza-aprendizaje será, en gran medida, determinada por el uso de un EVA u otro.

Existen una serie de **criterios que nos permiten evaluar la calidad de los EVA,** como son los que se describen en la siguiente tabla:

Características técnicas	Características pedagógicas
- Tipo de licencia: propietaria, gratuita y/o código abierto. - Idioma: disponibilidad de un soporte para la internacionalización o arquitectura multiidioma. - Sistema operativo y tecnología empleada: compatibilidad y/o estandarización. - Documentación de apoyo sobre la propia plataforma dirigida a los diferentes usuarios de la misma. - Comunidad de usuario: la plataforma debe contar con el apoyo de comunidades dinámicas de usuarios y técnicos.	- Posibilidad de realizar tareas de gestión y administración. - Facilitación de la comunicación e interacción entre los usuarios. - Posibilidad de desarrollo e implementación de contenidos. - Posibilidad de creación de actividades interactivas. - Implementación de estrategias colaborativas. - Facilitación de la evaluación y el seguimiento de los estudiantes. - Personalización por parte de cada estudiante del entorno, adaptándolo a sus preferencias necesidades y características.

APLICACIÓN PRÁCTICA

María está usando una plataforma virtual para el desarrollo de una acción formativa, no obstante, en los últimos tiempos está teniendo problemas con el uso y la instalación de determinados programas para el apoyo. Afortunadamente, las plataformas virtuales tienen un sistema para solventar los problemas que está teniendo María, ¿a qué características de los entornos virtuales de aprendizaje nos estamos refiriendo?

Solución

Las comunidades de usuario son aquellos soportes técnicos que aportan otros usuarios o técnicos que ayudan a solventar los problemas e incidencias técnicas que podemos tener en la instalación o configuración de determinados componentes.

Si bien gran parte de los EVA poseen herramientas suficientes para desarrollar con cierta calidad las acciones formativas de *e-learning,* también es cierto que pueden presentar limitaciones y problemas que afecten directamente a la calidad de las acciones formativas. Por ello, existe la necesidad de disponer de **estándares con criterios claros** que nos permitan valorar la calidad de estas plataformas de formación.

Torres y Ortega (2003) apoyándose en los trabajos de Zeiberg (2001) proponen cuatro ámbitos de análisis de la calidad de la formación *online* realizada a través de plataformas (LMS):

- **Calidad técnica.** Han de garantizar la solidez y estabilidad de los procesos de gestión y de enseñanza aprendizaje.
    - Infraestructura tecnológica necesaria, su accesibilidad y complejidad.
    - Coste de acceso y mantenimiento.
    - Nivel de conocimientos técnicos necesarios para su utilización.
    - Facilidad de navegación a través de su interface.
    - Calidad de los sistemas de control de seguridad y acceso a los procesos y materiales.
    - Eficacia de gestión de los cursos ofertados.
    - Versatilidad para el seguimiento de las altas y bajas de alumnos.
    - Posibilidad de mantenimiento y actualización de la plataforma.

- **Calidad organizativa y creativa.** Para el adecuado desarrollo de los procesos de enseñanza-aprendizaje.

    - Flexibilidad a la hora de perfilar enfoques de instrucción y aprendizaje.
    - Posibilidad de adaptación y uso a otros ámbitos educativos.
    - Versatilidad a la hora de diseñar e implementar sistema de ayuda y refuerzo para el alumnado.
    - Disponibilidad de herramientas de diseño y gestión de los programas de enseñanza virtual fáciles de usar y con buenas posibilidades creativas.
    - Posibilidad de organizar los contenidos mediante índices y mapas conceptuales.
    - Posibilidad de creación automática y/o manual de glosario de términos y versatilidad del mismo.
    - Posibilidades de integración de multimedia.
    - Calidad para la generación y utilización de herramientas de evaluación, autoevaluación y coevaluación.

- **Calidad comunicacional.** Posibilidades de comunicación sincrónica y asincrónica tanto entre todas las personas involucradas en la acción formativa, incorporando elementos que faciliten el conocimiento entre los estudiantes y humanicen la acción formativa.

    - Foros o grupos de debate.
    - Correo electrónico y mensajería interna.
    - Tablón de noticias.
    - Calendario.
    - Chats.
    - Audioconferencia y/o videoconferencia.

- **Calidad didáctica.** Posibilidad de incorporar actividades en la acción formativa que permitan integrar de forma coordinada metodologías diversas apoyadas en los principios de aprendizaje de las teorías conductistas, cognitivistas y constructivistas.
    - Orden y claridad didáctica.
    - Secuencialidad conceptual.
    - Autonomía organizativa.
    - Andamiaje cognoscitivo.
    - Información y comunicación multimedia.
    - Aprendizaje activo.
    - Aprendizaje significativo.
    - Aprendizaje cooperativo.

El uso que cada persona que acceda al EVA puede hacer estará determinado por el rol o perfil de acceso que tenga predeterminado, de esta manera. Existirán características y posibilidades diferenciadas dependiendo del rol. Los **roles** para el acceso habitualmente son los siguientes:

- **Administrador.** Se encarga del mantenimiento del servidor y de administrar los espacios, claves y privilegios.
- **Coordinador.** Se encargará de la coordinación docente y organizativa de la formación en la plataforma, es el docente el que diseña y se responsabiliza del desarrollo de la formación.
- **Tutor.** Se encargan de la gestión, seguimiento y tutorización del aprendizaje del alumnado.
- **Alumnado.** Realizan las acciones formativas.

TAREA 7

Antonio es profesor de un ciclo formativo de grado medio, parte de la formación del módulo se imparte en una plataforma virtual de aprendizaje, Antonio, además de ser el tutor, necesita configurar la vista de la plataforma, así como determinar los espacios para las actividades, el alumnado y los accesos y privilegios de estos y de personas invitadas a participar en la acción formativa. ¿Qué rol de formación deberá tener Antonio para el desarrollo de su trabajo? ¿Por qué?

3. Uso de herramientas de creación de contenidos digitales

HILO CONDUCTOR

Para la creación de su acción formativa, tanto Laura como su profesora están pensando en transformar algunas de las actividades del antiguo curso de Secretariado de Dirección en actividades digitales, para lo que tendrán que comprobar qué tipo de herramientas le pueden permitir realizar estas modificaciones.

Las herramientas digitales nos van a posibilitar la creación, diseño, edición y modificación de los materiales didácticos.

DEFINICIÓN

Herramientas de creación de contenidos
Las herramientas de creación de contenidos son aplicaciones *software*, plataformas *online* o cualquier otro tipo de herramienta diseñada para la creación, desarrollo y publicación de contenido digital.

La creación de contenidos digitales supone **la generación y desarrollo de recursos en diferentes formatos** para implementarlos en los entornos virtuales de aprendizaje y generar actividades y contenidos que sean de utilidad para la consecución de los objetivos de las acciones formativas.

Habitualmente, los contenidos creados serán incluidos en los entornos virtuales de aprendizaje de tipo LMS *(Learning Management System).*

NOTA

Actualmente, el tipo de contenidos más usados son aquellos que usan vídeos, pódcast, infografías, webinario y píldoras formativas.

La IA, especialmente la generativa, nos va a permitir la generación de contenido automatizado, como por ejemplo la generación de materiales educativos como cuestionarios, actividades, ejercicios, actividades, vídeos, simuladores...este tipo de recursos podrán adaptarse a los diferentes estilos de aprendizaje y facilitar la comprensión de conceptos complejos. Además también nos ofrecerá posibilidades en la adaptación de las actividades formativas a diferentes idiomas, lo que facilitará la creación de materiales disponibles para el alumnado que provenga de diferentes contextos lingüísticos y culturales.

Vamos a encontrar los siguientes sistemas de IA generativa que podemos usar:

- **IA generativa de texto:** se usa para la generación de texto como poemas, códigos, piezas musicales, cartas, correos electrónicos, etc. son los *chatbots* o *bots* conversacionales de IA
- **IA generativa de imágenes:** como por ejemplo generación de pinturas, fotografías, dibujos, etc. a través de la descripción en forma de texto.
- **IA generativa de música como Riffusion,** con el que se podrán crear canciones con música a través de la descripción del resultado que se pretende conseguir.

Ejemplo de imagen creada con ChatGTP

3.1. Ventajas, características y fases generales

Las **ventajas** del uso y creación de este tipo de contenidos son las siguientes:

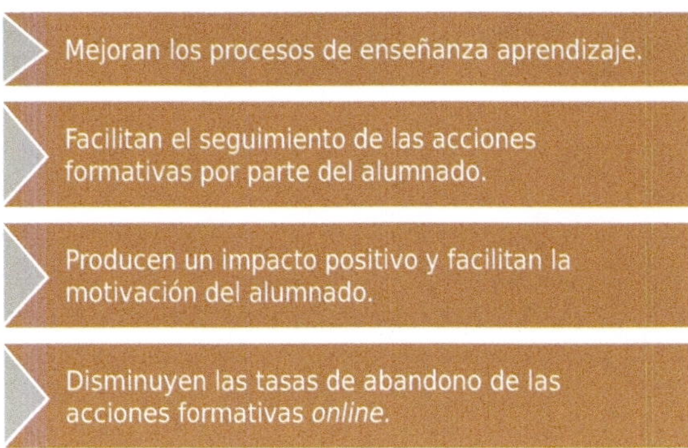

Las **características** de las herramientas de creación de contenidos son las siguientes:

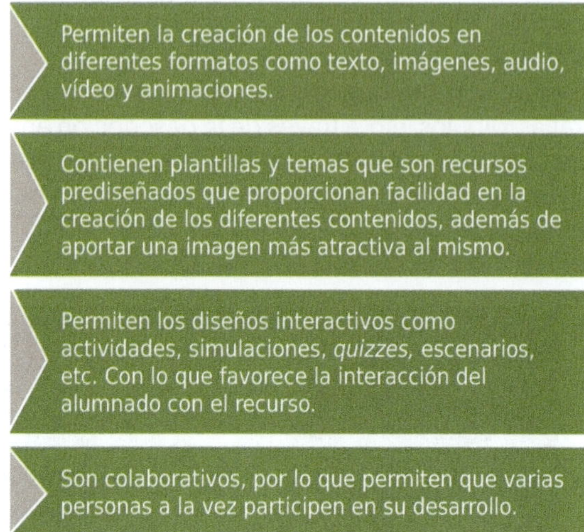

Las **fases generales** que se seguirán para la creación de los contenidos con estas herramientas son las siguientes:

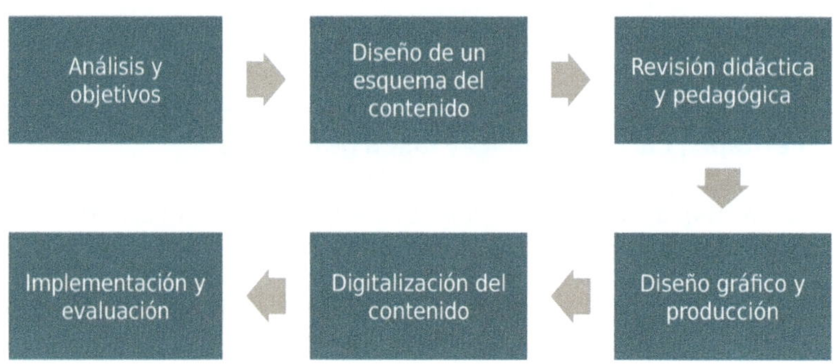

PARA SABER MÁS

Puedes ampliar tus conocimientos sobre las herramientas para la creación de contenidos digitales accediendo desde aquí:

https://redirectoronline.com/ssce310401

3.2. *Exelearning*

Se trata de **una herramienta de código abierto** que permite la creación y edición de contenidos educativos sin necesidad de tener conocimientos muy avanzados en tecnologías digitales.

Permite la creación de contenidos para subirlos a una plataforma, como, por ejemplo, *Moodle* y publicarlas *online* para su uso. Esta herramienta nos va a permitir la organización de texto, imágenes, audios y vídeos, además como herramientas para la autoevaluación como test, juegos y vídeos interactivos.

Al ser una herramienta de código abierto, se trata de un *software* libre, gratuito y multiplataforma, que permite la creación, modificación y distribución de contenidos creados con la misma.

Las **ventajas** del uso de esta herramienta son las siguientes:

- Permite el trabajo con cualquier sistema operativo, ya que es multiplataforma.
- Permite la incorporación de diferentes tipos de contenidos como imágenes, vídeos, audios, etc., creados con otras aplicaciones como *Genial.ly, H5P,* etc.
- Contiene gran variedad para la creación de actividades interactivas de diferentes tipos.

- Facilita la creación de contenidos accesibles.
- Permite la incorporación de metadatos, para catalogar los contenidos y publicarlos en repositorios, como, por ejemplo, *Procomun.*
- La comunidad de *exelearning* es muy activa, manteniendo apoyo y soporte a otros usuarios, sobre todo a través de su foro.

Puedes ver algunas razones para usar *eXeLearning* desde aquí:

https://redirectoronline.com/ssce310403

3.3. *Articulate 360*

Se trata de otra herramienta para la creación de contenidos digitales, en este caso, es necesaria suscripción para su uso.

Las **ventajas** que presenta esta herramienta son las siguientes:

- Las aplicaciones que contiene para la creación de cursos.
- Funciones colaborativas que permiten acelerar el desarrollo y la gestión de los cursos.
- Contiene un gran *stock* de plantillas, imágenes, audios, etc.
- Contiene una aplicación de revisión de proyectos.
- Soporte formativo *online* asesorado por expertos.
- Gestión de las cuentas de forma sencilla.

PARA SABER MÁS

Puedes obtener más información sobre los beneficios y ventajas de esta herramienta accediendo desde aquí:

https://redirectoronline.com/ssce310404

3.4. IA Generativa

Los procesos de IA generativa están irrumpiendo con mucha fuerza en el mercado y cambiando la forma de generar contenidos y materiales didácticos, aunque la mayoría de los generadores de contenido integran ya en sus sistemas procesos de IA, existen plataformas específicas como *ChatGTP* o *Google Gemini,* para la creación de textos, imágenes, o contenidos. Sus ventajas son las siguientes:

- En la generación de texto nos permiten la creación de preguntas y respuesta que incidan directamente en los contenidos del currículum, los modelos generativos pueden ser usados para la creación de resúmenes de textos complejos, se pueden crear diálogos simulados que el alumnado pueda seguir, permiten la creación de escenarios de toma de decisiones en las que el alumnado pueda participar, permiten la creación de materiales didácticos para el profesorado.
- En cuanto a la evaluación y el seguimiento de las acciones formativas, se puede obtener un *feedback* instantáneo de las pruebas realizadas o los ejercicios, permitiendo un sistema de evaluación más rápido. Además va a permitir obtener datos en tiempo real del análisis de las respuestas del alumnado y ofrecerles informes detallados de sus áreas de mejora, además la IA generativa va a permitir la producción de herramientas de evaluación.
- Ofrece también ventajas en cuanto a la generación de ejercicios y actividades adaptadas al nivel y preferencias de cada alumno, lo que va a permitir la adaptación del material didáctico.

- La IA nos ofrece también la posibilidad de la creación de imágenes y gráficos que pueden apoyar e ilustrar con mayor detalle los materiales didácticos.
- Otra de las ventajas pasará por la posibilidad de creación de plantillas o guiones que el personal docente pueda crear para seguir lecciones más estructuradas.

3.5. *Ardora 8*

Se trata de una herramienta de creación de contenidos didácticos, que contiene más de 35 tipos de actividades y 10 tipos de páginas multimedia. En este caso, también es un *software* con licencia libre, por lo que su uso es gratuito.

Las **ventajas** del uso de esta herramienta son:

- Es un *software* de licencia libre, que, además, se va actualizando y su manejo resulta sencillo.
- Se puede usar para trabajar con él sin conexión a internet.
- Contiene previsualización de los elementos creados para comprobar cómo quedarán en los diferentes dispositivos.
- Los contenidos creados se encuentran estandarizados, de manera que son exportables como SCORM.
- Los contenidos que se crean son personalizables, fáciles de crear y de mantener.

Puedes saber más sobre el manejo y utilidades de *Ardora* accediendo desde aquí:

https://redirectoronline.com/ssce310406

TAREA 8

Manuel es profesor de un ciclo formativo de grado superior, está diseñando una actividad para su ciclo formativo y quiere hacerla interactiva usando para ello herramientas multimedia, pero no dispone de presupuesto para hacerla, además le gustaría que una vez que esté lista, pueda volcarse en el repositorio procomún, para que, de esta manera, puedan usarla otros profesores que imparten el mismo ciclo formativo. ¿Qué herramienta le recomendarías a Manuel para realizarla?

4. Manejo de sistema de gestión de aprendizaje

HILO CONDUCTOR

Una vez desarrolladas algunas de las actividades, para lo que han usado herramientas de código abierto, Laura y la profesora tendrán que decidir qué sistema de gestión del aprendizaje van a usar.

Los sistemas de gestión de aprendizaje o LMS son *softwares* que facilitan la gestión, entrega y seguimiento de las acciones formativas.

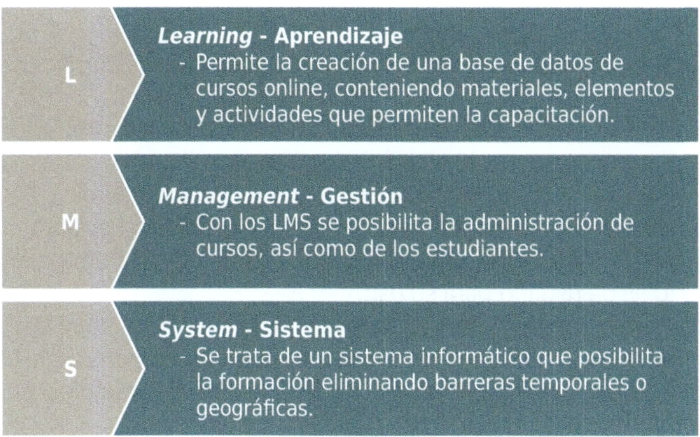

4.1. Funciones, herramientas y características

Las funciones que proporcionan los LMS son las siguientes:

- Gestión de las personas usuarias de la plataforma, administradores, docentes, tutores y alumnado.
- Gestión de diferentes cursos y de la creación de grupos de trabajo.
- Comunicación e interacción entre las diferentes personas usuarias de las acciones formativas.
- Evaluación de los procesos formativos mediante la creación de herramientas de gestión de exámenes, tareas o actividades.

Fundamentalmente, los LMS se van a clasificar en dos tipos diferentes, atendiendo a su tipo de licencia de uso:

Plataformas de *softwares* libres	**Plataformas comerciales o de propietario**
- Se usan sin ningún costo, habitualmente, para la formación abierta y son desarrollados por instituciones educativas.	- Para su uso necesitan una licencia que hay que pagar a alguna empresa, bien sea la que distribuye o la que desarrolla el *software*.

Las herramientas que contiene el LMS para su uso se clasifican en 4 grupos:

- **Herramientas para la gestión y distribución de contenido.** Con estas herramientas, los LMS posibilitan las siguientes acciones: organizar, almacenar, recuperar y distribuir contenidos educativos.
- **Herramientas de administración de usuarios.** Facilitan el registro de las personas en la plataforma, además de permitir otorgar los diferentes roles de usuario para su uso.
- **Herramientas de comunicación.** Permiten la interactividad de los usuarios en la plataforma, así como la posibilidad de trabajar de forma cooperativa, pueden ser foros, chat, *e-mail,* tablón de anuncios, etc.

- **Herramientas para la evaluación y el seguimiento de las acciones formativas.** Permiten comprobar la evaluación de las personas usuarias de la acción formativa.

Las características con las que cuentan los LMS son las siguientes:

- **Centralización.** Permiten la centralización y automatización de la gestión del proceso de enseñanza aprendizaje.
- **Flexibilidad.** Las plataformas LMS se adaptan a diferentes metodologías educativas, como a estilos pedagógicos, además de permitir la organización de las acciones formativas con agilidad y rapidez.
- **Interactividad.** Pone al alumnado en el centro del proceso educativo, haciéndolo partícipe de su proceso de aprendizaje.
- **Estandarización.** Posibilita que se compartan recursos y se transfieran de unas acciones formativas a otras, posibilitando la creación de contenidos reusables.
- **Escalabilidad.** Pueden adaptarse tanto a pequeños grupos de usuarios, como a grupos muy grandes.
- **Funcionalidad.** Contiene funcionalidades y adaptaciones para las necesidades de los usuarios.
- **Usabilidad.** Las personas pueden usar la plataforma con el fin de alcanzar unos determinados objetivos.
- **Ubicuidad.** Las plataformas van a contener todos los elementos que requieran las personas para llevar a cabo las acciones formativas.
- **Integración.** Permiten la integración de otras aplicaciones, como, por ejemplo, de recursos humanos o de contabilidad, por lo que permiten obtener datos de impacto, eficacia y costo de las acciones formativas.

4.2. *Moodle*

Sin duda es uno de los sistemas de LMS más famosos y usados en todo el mundo. Se trata de un LMS de código abierto, por lo que es gratuito y accesible.

Dentro de la plataforma existe una gran gama de recursos y actividades, que son personalizables y están disponibles como recursos para el desarrollo de las acciones formativas.

Las principales características de esta plataforma son:

- **Código abierto.** Permite a cualquier persona descargar el *software* completo de forma gratuita, además se le pueden agregar nuevas funciones.

- **Accesible.** Los contenidos son accesibles a todos los diferentes tipos de usuarios, permitiendo la adaptación a las necesidades específicas de cada persona.
- **Seguro.** Permite a los usuarios tener el control total de sus datos, por lo que se cumple con las leyes de protección de datos, por otro lado, permite que las instituciones y organizaciones sean propietarias de su propia infraestructura.
- **Flexible y funcional.** Contiene multitud de actividades que permiten la adaptación a los diferentes estilos pedagógicos, además de la implementación de trabajos cooperativos.
- **Integraciones.** Permite la integración de otras plataformas y servicios.

Puedes conocer más sobre las utilidades de *Moodle* accediendo desde aquí:

https://redirectoronline.com/ssce310407

4.3. *Google Classroom*

Google Classroom es una herramienta que puede ser utilizada por profesorado y alumnado para que dispongan de cuentas en una comunidad educativa de *Google Apps for Education.*

Se trata de un servicio web gratuito desarrollado por *Google* que incluye, además, *Drive, Meet, Gmail* y *Calendar.*

Con *Google Classroom* se permite la **creación de aulas virtuales,** sin necesidad de descargar ninguna aplicación, todo está al alcance del usuario mediante la conexión a internet, además, facilita el trabajo y la relación de los miembros de la comunidad educativa.

A partir de una página principal, *Google Classroom* va creando aulas virtuales, donde cada docente puede publicar textos, imágenes, vídeos, audios y fotos. Igualmente, puede crear alertas, avisos, realizar encuestas o recibir respuestas del alumnado. Funciona en diferentes tipos de dispositivos.

Google Classroom contiene los siguientes apartados de funcionalidades:

- **Tablón.** Se trata de la página principal, y es donde se puede llevar a cabo una participación activa y colaborativa con los estudiantes. Esta pestaña da acceso a un muro como el de cualquier red social, es la parte más dinámica de *Classroom,* pues está orientada a registrar y presentar las novedades. Además de las que se publican directamente, aparecen otras notificaciones que informan la publicación de otros recursos en varias secciones de *Classroom:* tareas, materiales de clase, preguntas, etc.

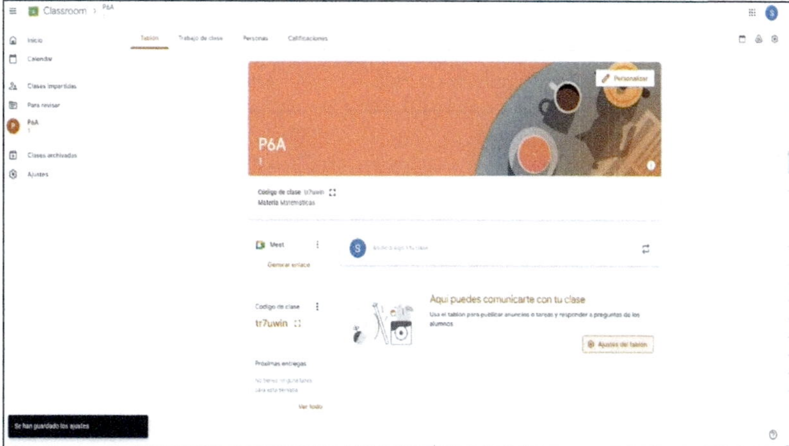

Página principal de Classroom. Puedes ver cómo integra la aplicación Meet para que así el docente pueda realizar videoconferencias.

  Además, los participantes en la videoconferencia pueden compartir presentaciones y enlaces a través de esta aplicación.
- **Trabajo de clase.** En esta parte, el docente adjunta los materiales y puede crear las tareas y cuestionarios, los cuales tienen varias opciones: la visualización, la edición de los archivos a través de *Google Drive* y la copia de documentos.
- **Personas.** Muestra a todos los participantes, tanto alumnado como profesorado.
- **Calificaciones.** Consiste en una tabla donde el docente va colgando las calificaciones.

PARA SABER MÁS

Puedes conocer más sobre las utilidades de *Classroom* accediendo desde aquí:

Ayuda de *Classroom*	*Google Classroom* para profesores

https://redirectoronline.com/ssce310408	*https://redirectoronline.com/ssce310409*

APLICACIÓN PRÁCTICA

Isaac es alumno de un ciclo formativo de grado medio de Mecánica de Vehículos, recientemente en su especialidad han implantado el uso de un entorno virtual de aprendizaje que le permite realizar algunas asignaturas sin necesidad de ir a clase, en concreto, están usando *Google Classroom*. Isaac se encuentra algo perdido en su uso, los compañeros le han dicho que debe acceder para ver una nueva tarea que debe realizar, pero él no la encuentra ¿en qué aparte de *Google Classroom* estará?

Solución

Las nuevas tareas para realizar se mostrarán en *Google Classroom* en el apartado de **Novedades,** es ahí donde debe acceder para comprobar las tareas asignadas.

4.4. *Microsoft Teams*

Se trata de una plataforma que incluye comunicación y colaboración, manteniendo abierto un chat, videoreuniones, almacenamiento de archivos e integración de otras aplicaciones. Se encuentra incluido dentro del paquete *Office,* mediante suscripción.

Permite la creación de equipos de trabajo colaborativos que además pueden editar archivos de forma simultánea dentro de la misma plataforma, permitiendo también la interacción de los participantes.

Sus características más importantes son las siguientes:

- Permite la realización de conversaciones y compartir documentos en equipos de trabajo.
- Contiene secciones específicas dentro de un equipo, con la creación de canales que permiten el trabajo por proyectos.
- Posibilita la realización de llamadas o videoconferencias, y reuniones de hasta 100 personas al mismo tiempo.
- Contiene un calendario para agendar y programar reuniones o trabajos.
- Permite compartir archivos, además. cada persona puede almacenar la información y documentos mediante *sharepoint.*
- Permite el acceso de personas invitadas y el acceso externo para comunicarse con personas que estén fuera de la institución.
- Permite el trabajo con los materiales tanto de forma síncrona como asíncrona.

PARA SABER MÁS

Para saber más sobre el funcionamiento de *Microsoft Teams* puedes acceder desde aquí:

https://redirectoronline.com/ssce310410

4.5. *Chamilo*

Chamilo es un LMS de tipo *Open Source,* se trata de un sistema más ágil e intuitivo que *Moodle,* aunque usa las mismas tecnologías web, las diferencias entre ambos sistemas son bastantes.

Sus principales características son:

- Incluye funciones sociales como chat, mensajería y grupos de trabajo.
- Las exigencias técnicas para su uso son muy bajas.
- Su curva de aprendizaje y su interfaz de usuario son amigables, usando iconos y elementos gráficos que hacen más intuitivo su uso.
- Para el uso de recursos en formato SCORM supone una mejora en su usabilidad, sobre todo en dispositivos móviles.

Ejemplo de pantalla de visualización del alumnado de *Chamilo.*

En cuanto a las **desventajas** de esta plataforma, cabe señalar las pocas opciones de personalización, así como el poco soporte y la falta de información en foros en cuanto a la resolución de problemas.

4.6. *Canvas LMS*

Se trata de una plataforma que combina la doble licencia, por un lado, tiene una licencia *Open Source* y, por otro, una licencia comercial, está principalmente enfocada a la educación superior y está creada por la empresa Instructure.

Sus principales características son:

- Facilidad de uso y gran número de posibilidades.
- Los contenidos se crean con rapidez y se pueden incluir enlaces a otros recursos.
- Se incluye en la opción *Open Source* de videoconferencia BigBlueButton, además de permitir la inclusión de herramientas externas.
- Su modo de edición es similar al modo de *Moodle.*

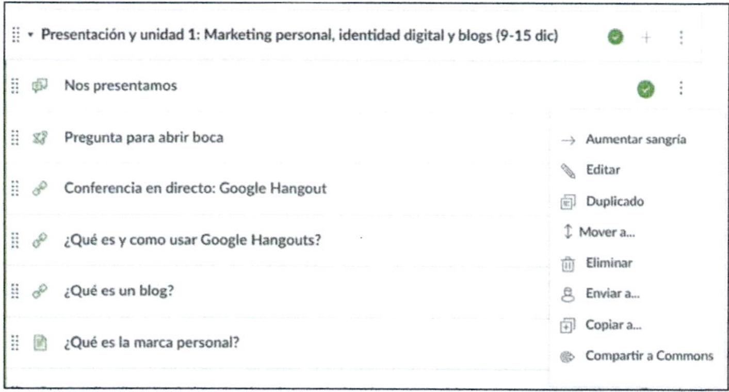

Vista de edición Canvas LMS

En cuanto a sus **desventajas,** cabe señalar que el modo *Open Source* está limitado en cuanto a su capacidad de uso y contenidos, además usa herramientas web que no son de fácil manejo, por lo que la instalación es complicada sin los conocimientos necesarios.

ACTIVIDAD COMPLEMENTARIA

7. Realiza una búsqueda por internet e investiga sobre las opciones, soluciones, ventajas y desventajas de cada una de estas plataformas.

5. Implementación de una actividad formativa en un sistema de gestión de aprendizaje

HILO CONDUCTOR

En este momento Laura y la profesora del módulo formativo de Secretariado de Dirección, tras conocer las características de los LMS, han decidido usar *Moodle* para su acción formativa y para comenzar la implantación deberán dar los siguientes pasos.

En las acciones formativas *online,* mediante plataforma LMS, se podrán diferenciar cuatro roles de acceso, cada uno dará pie a la realización de unas determinadas tareas en la plataforma, de esta manera, tendremos:

Profesores
- Son los responsables del programa formativo, determinan los objetivos, contenidos, desarrollo del programa y los criterios de evaluación.

Tutor
- Se trata de la persona que acompaña al usuario participante a lo largo de la acción formativa. Puede coincidir o no con el profesor.

Alumno
- Es la persona participante que realiza el proceso de aprendizaje.

Administrador
- Se trata de la persona responsable de la administración y gestión de la plataforma.

5.1. Estructura de los programas didácticos en un Sistema de Gestión del Aprendizaje

Aunque las opciones de trabajo con las plataformas educativas son personalizables y se caracterizan por la flexibilidad para el desarrollo de las acciones formativas, existen una serie de consideraciones en cuanto a **la estructura de los programas didácticos** que en ella se alojan.

1. **Presentación de los contenidos.** La presentación de los contenidos será la primera toma de contacto que mantenga el alumnado con la plataforma educativa. Para realizar esta presentación existen diversas formas y herramientas:

   - **Presentación y lecturas:** se usarán conceptos básicos en el que los contenidos sean autoexplicativos. Es recomendable usar formatos HTML para que el alumnado pueda acceder al contenido dentro de la misma plataforma, sin necesidad de descargar los archivos.
   - **Vídeos:** donde el profesor pueda simular la explicación que daría a los mismos dentro de una sesión presencial.
   - **Material multimedia:** con el que los contenidos pueden ser presentados usando combinaciones de vídeos, audios, texto, imágenes, etc. Habitualmente, las plataformas van a contener un apartado donde se puedan crear este tipo de contenidos, en *Moodle* este apartado se denomina: lección.
   - **Glosarios:** donde se incluirán los términos relacionados con el contenido de la acción formativa. Estos glosarios pueden crearse de forma colaborativa.

2. **Gestión de la comunicación.** Permiten la interacción para la comunicación entre las personas involucradas en el desarrollo de la acción formativa. Dentro de las plataformas encontraremos:

   - **Foro:** herramienta de comunicación que, habitualmente, se considera asíncrona, se puede usar para simular los debates que se pueden producir en las sesiones presenciales, aunque también posibilita el desarrollo de trabajos colaborativos. Los foros se pueden configurar de diferentes maneras: cada persona tiene capacidad para plantear un tema, se puede definir un único hilo de conversación y un tema, el alumnado puede ver o no las opiniones de los demás y también está la opción de que cualquier persona pueda simular un nuevo tema.
   - **Chat:** se trata de una herramienta de comunicación de carácter síncrono, en la que las personas participantes deberán estar conectadas al mismo tiempo para mantener un hilo de conversación, aunque los mensajes de texto queden registrados y permitan leerlos posteriormente. Los chats pueden ser de solo texto, texto más audio y texto más vídeo.
   - **Mensajes individuales o grupales:** permite el envío de mensajes directos por parte del profesor a personas o grupos de personas a través de la plataforma, de manera que posibilita el seguimiento individualizado del progreso del alumnado, o bien realizar comunicaciones.

3. **Gestión del trabajo de los participantes.** Consistirá en la programación de una serie de actividades o tareas, que podrán ser:

- **Abiertas:** el profesor solicitará algún tipo de trabajo, que puede ser grupal o individual, fuera de la plataforma y que, posteriormente, deberá ser volcado en la plataforma para su evaluación. Pueden tratarse de casos prácticos, búsqueda externa de información o elaboración de informes. Se determinará la temática y el plazo en el que tendrán que ser depositados en su lugar correspondiente de la plataforma, como, por ejemplo, en ***Tareas.*** Paralelamente, pueden iniciarse conversaciones en chats o foros para acompañar y hacer seguimiento de las actividades.
- **Cerradas:** las tareas de este tipo son creadas por el profesor dentro de la plataforma, que, además, permitirá la evaluación de esta dentro de la misma plataforma, con lo que se podrán comprobar los progresos del alumnado.

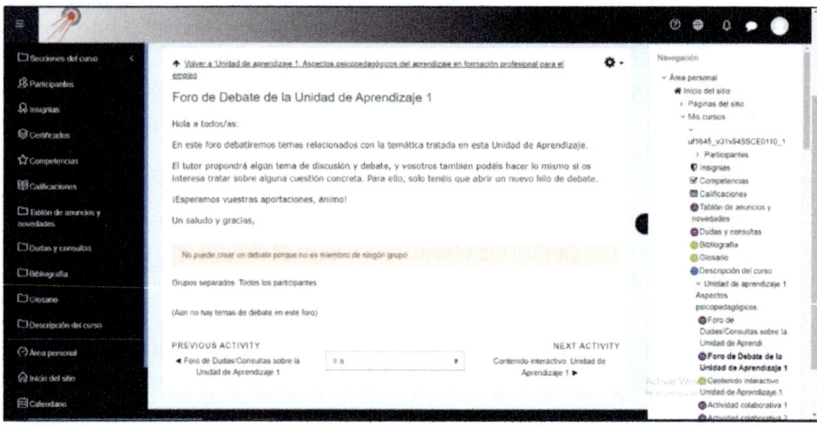

Ejemplo de foro para trabajar una unidad de aprendizaje

IMPORTANTE

El uso de plataformas LMS posibilita el desarrollo de la evaluación y seguimiento de las acciones formativas y de los progresos del alumnado mediante la generación de informes, así como el establecimiento de tareas y actividades calificables que, posteriormente, pueden servir para la comprobación del grado de adquisición de los conocimientos, capacidades y habilidades adquiridas por el alumnado.

También permite establecer las evaluaciones en función de los grados de aprendizaje y de la participación en los foros o chats.

5.2. Creación de un espacio de trabajo en *Moodle* donde acceda todo el equipo

Para la creación de un aula virtual en *Moodle* donde, posteriormente, puedan acceder todas las personas involucradas en la acción formativa se seguirán los siguientes pasos:

- **Instalación.** En primer lugar, será necesario descargar el paquete de instalación, donde se indicarán los pasos a seguir para la instalación de *Moodle* en el equipo.
- **Configuración básica.** Por defecto *Moodle* ofrecerá una instalación básica paso a paso que permitirá la creación de un aula virtual.
- **Personalización del aula virtual.** Donde se podrán incluir las opciones de diseño que más se ajusten a las preferencias o necesidades.
- **Creación de cursos.** Es a partir de este punto donde se pueden comenzar a incluir las opciones de añadir contenidos e incluir a los participantes.

Tras seguir estos pasos, *Moodle* posibilitará la creación y gestión de cursos, donde se podrán incluir a las personas participantes. Los cursos consistirán en un conjunto de recursos, actividades y herramientas de comunicación entre docentes y alumnado. Los pasos a seguir son los siguientes:

1. **Establecer el rol de administrador.** Para poder realizar estas gestiones será necesario contar con el rol de administrador, en *Moodle* existen 3 roles: **administrador, profesor y alumno,** será con el rol de administrador con el que se podrán realizar todas las gestiones dentro de la plataforma. La opción de asignación de roles se encuentra dentro de **Configuración → Administración del sitio → usuarios.**
2. **Establecer categorías.** Con el rol de administrador se podrán también establecer categorías, que nos permitirán incluir diferentes categorías para los cursos que, posteriormente, se alojarán. Esta opción se encuentra dentro de la sección ***Administración del sitio → cursos-administrar cursos → categorías.*** Si no se establecen las categorías, todos los cursos que se creen pasarán a la categoría de miscelánea.
3. **Generar el curso.** Para la creación del curso *Moodle* se solicitará una serie de parámetros que habrá que definir previamente como son: nombre, visibilidad, fecha de inicio y finalización, descripción. Esta opción se encuentra en **Administración del sitio → Añadir nuevo curso.**
4. **Matricular al alumnado.** Para la matriculación del alumnado se añadirá "Aula virtual" y, luego, se registrarán al alumnado y/o docentes estableciendo sus roles correspondientes. Será interesante ver también cómo la plataforma *Moodle* da la posibilidad de que el alumnado se automatricule, sin necesidad de que sea el administrador el que los añada.

5. **Establecer los módulos del curso.** Una vez creada el aula virtual, se deberán identificar los recursos que serán usados, de manera que encontraremos las siguientes opciones:

   - **Comunicación:** los medios que se usarán, como los chats y foros, estarán habilitados para la comunicación con el alumnado.
   - **Materiales:** los contenidos del curso, documentos, actividades, etc. que son creados por el profesor y que servirán para el proceso educativo.
   - **Ocupaciones:** se trata de un lugar colaborativo en el que el alumnado realizará las acciones propuestas por los docentes, tales como participación en los foros y debates, talleres, tareas, etc.

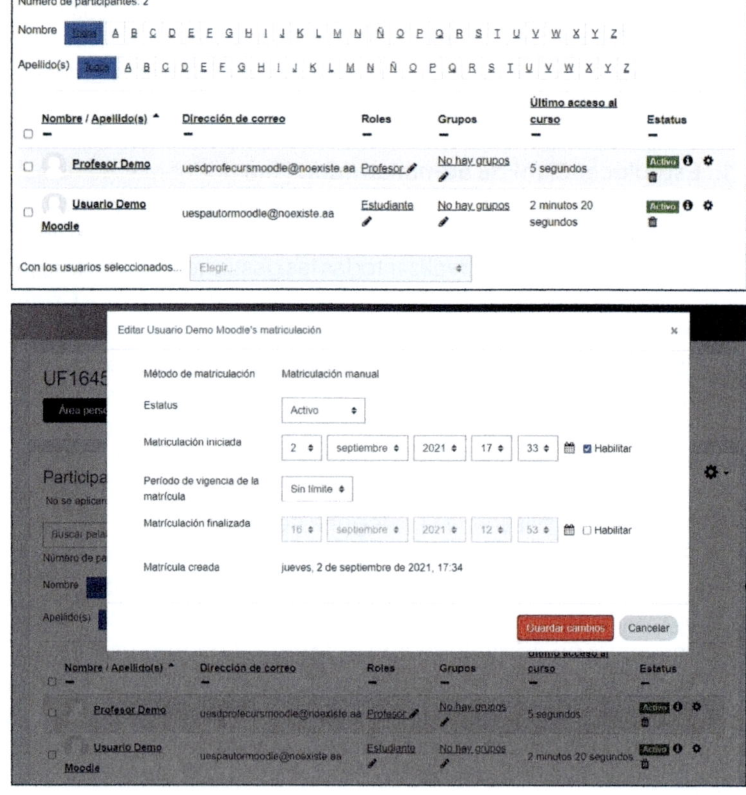

Configuración de automatrícula

5.3. Creación de un curso dentro de este espacio

Para la creación de un curso en *Moodle* existen dos posibilidades: crear un curso vacío o subir un curso ya existente de un sitio *Moodle* diferente.

➲ **Para crear un curso vacío las acciones serán las siguientes:**

- Acceder a *Moodle* con el rol de administrador
- Seleccionar **Administración del sitio**
- Seleccionar la pestaña **Cursos**
- Elegir la opción **Añadir nuevo curso**
- Seleccionar los detalles del curso, si es necesaria ayuda extra, se podrá usar el botón **helpin.png**
- Una vez creado, seleccionar **Guardar y mostrar**
- Hacer clic en proceder al contenido del curso para añadir materiales educativos

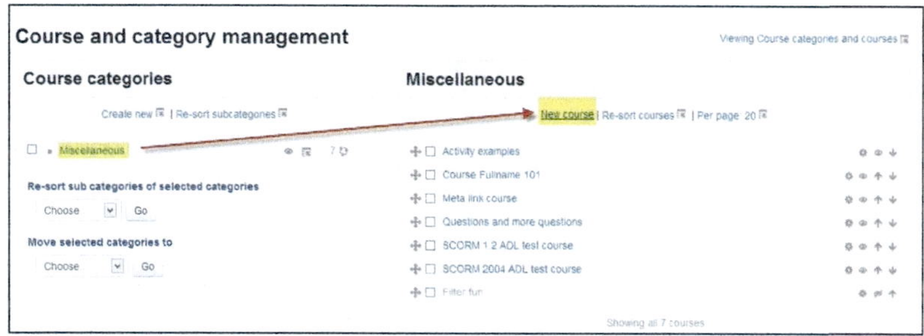

Asignación de nuevo curso

La otra opción es **añadir un curso ya existente.**

➲ **Para ello, los pasos serán los siguientes:**

- Asegurarse de que el curso que se quiere subir tenga la terminación: .mbz
- Entrar a *Moodle* con el perfil de administrador.
- Pasar a seleccionar **Administración del Sitio.**
- Hacer clic en la pestaña **Cursos.**
- Seleccionar **Restaurar curso.**
- Arrastrar o subir el archivo dentro del espacio **Importar un archivo de respaldo.**
- Hacer clic en **Restaurar.**
- Seleccionar **Restaurar** como nuevo curso y seleccionar la categoría donde se encontrará.

- Hacer clic en el botón **Siguiente.**
- Por último, seleccionar **Restaurar** y el curso se mostrará.

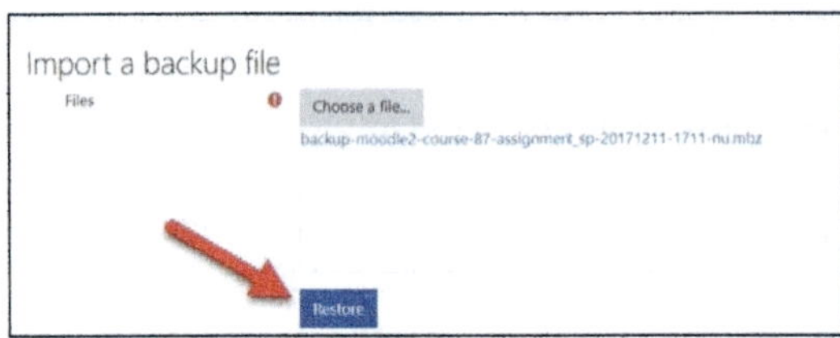

Importar un archivo de respaldo

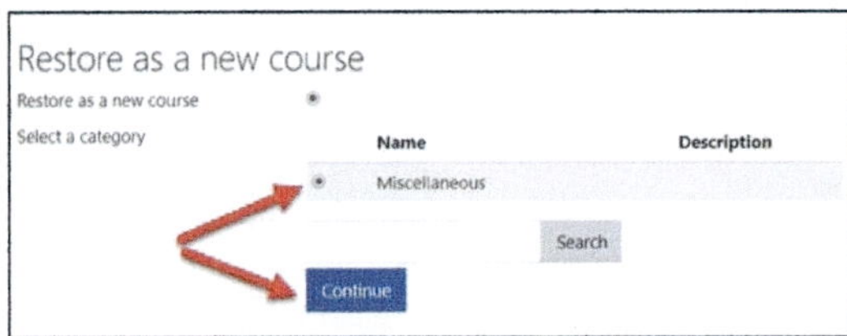

Restaurar como nuevo curso

PARA SABER MÁS

Puedes saber más sobre la creación de cursos en *Moodle* accediendo desde aquí:

https://redirectoronline.com/ssce310411

5.4. Acceso al curso

En el caso de que estemos inscritos como usuarios en un curso *Moodle,* en cualquiera de los perfiles que podemos tener asignados, simplemente para acceder al curso tendremos que poner en el navegador la dirección web que tengamos para el curso. Una vez se haya abierto la página web, tendremos un lugar para colocar nuestro nombre de usuario, así como nuestra contraseña, con estos datos accederemos a un perfil específico dentro de *Moodle.*

Por otro lado, si lo que necesitamos es, como administradores, dar acceso al alumnado a la acción formativa dentro de *Moodle,* tendremos varias opciones para la realización de las inscripciones, los métodos de inscripción al curso pueden seleccionarse desde: **navegación del curso-participantes-menú desplegable.**

Tendremos una serie de opciones para configurar los accesos a los cursos:

- Si se habilita la autoinscripción, los estudiantes podrán inscribirse ellos mismos en el curso, aunque se podrán limitar las inscripciones al curso a aquellos que se les haya dado una clave de inscripción.
- Existe también la posibilidad de permitir el acceso a las acciones formativas con el permiso de invitados, con el que las personas podrán acceder a ver los contenidos de la misma, pero sin participar en ella. Para lo que se puede habilitar el **Acceso de invitado.**
- Por último, *Moodle* también nos ofrece la posibilidad de inscribir a usuarios de forma automática desde otro curso, por el método de inscripción enlace a meta curso.
- Si, por el contrario, está habilitada la opción de inscripción manual, será el administrador quien inscriba en la plataforma a los estudiantes, desde la siguiente ruta: administración del curso- usuarios-usuarios inscritos.
- Por otro lado, *Moodle* permite añadir estudiantes a las acciones formativas masivamente, mediante el uso de grandes lotes de usuarios o cohortes, usando para ello un tipo de archivo CSV.

IMPORTANTE

Para configurar el acceso a los cursos previo pago se puede realizar mediante la acción inscripción por *PayPal,* donde el administrador puede configurar el precio para el curso, para lo que será necesario tener habilitada también la opción clave de inscripción.

ACTIVIDAD COMPLEMENTARIA

8. Indica el método para la inscripción del alumnado de un módulo formativo de grado básico en un centro educativo de nueva creación, en un EVA, va a ser el primer curso que se desarrolle de este tipo en el centro educativo.

5.5. Diseño de la estructura y su contenido digital

El diseño de la apariencia de *Moodle* nos va a dar una serie de opciones de personalización, que nos permitirán realizar cambios en cuanto a su apariencia y configuración.

En primer lugar, *Moodle* nos permitirá modificar la apariencia de la portada de inicio, que será el lugar donde todos los participantes podrán acceder en primer lugar.

Por defecto, la configuración aparecerá con el tema Boost, para modificarla se seleccionará **Editar configuraciones,** que aparece en la parte superior derecha de la portada, donde se podrán elegir los otros temas que el sistema tiene como plantillas.

Se puede cambiar el nombre completo y el nombre corto, que será el que se muestra en la barra de navegación. Las modificaciones se pueden realizar al inicio de la configuración o en momentos posteriores del desarrollo de la acción formativa.

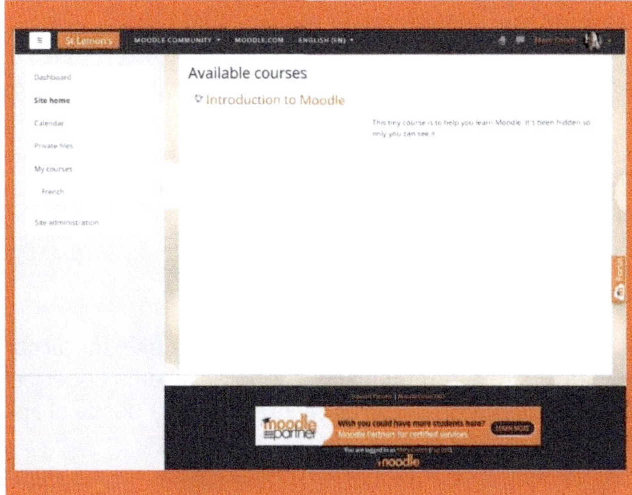

Comenzando a configurar un sitio en Moodle usando el tema Boost.

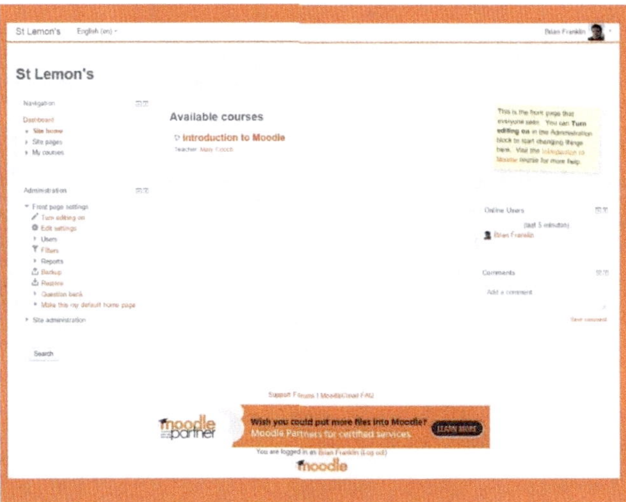

Empezando a configurar un sitio en Moodle con otros temas

Moodle también nos va a permitir añadir imágenes y contenidos al área central, esto se podrá realizar desde el icono del engranaje o desde el bloque de administración, donde encontraremos la opción de añadir texto o imágenes en la caja de resumen.

NOTA

También es posible ocultar cualquier tipo de información sobre la organización, para lo que tendrá que seleccionar **Políticas del Sitio,** desde la opción de **Seguridad.**

Además de la portada, *Moodle* nos permite también modificar la apariencia, por defecto, incluye dos plantillas que serán el tema Boost y el tema Classic, no obstante, se puede personalizar la apariencia desde el área de temas de la Administración del sitio.

Desde la opción de **Apariencia del sitio** nos permitirá también la opción de añadir menús desplegables e instalar un tema personalizado.

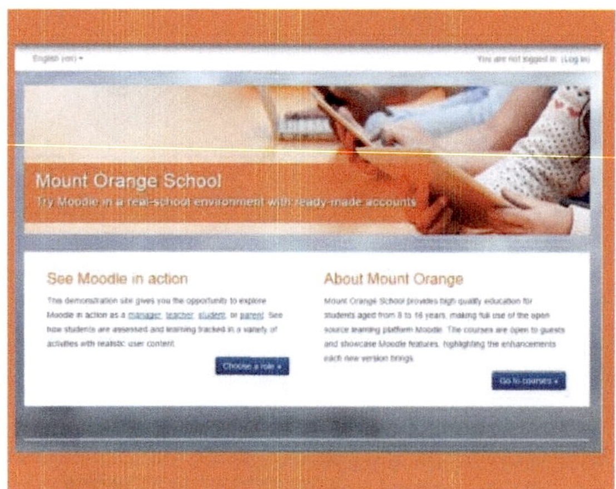

Un sitio que usa un tema más personalizado

Además de la portada y la apariencia que mostrará *Moodle,* será necesario configurar una serie de opciones para hacer *Moodle* accesible:

- **Configuración del idioma:** se modificará accediendo a administración del **sitio-configuraciones y configuración de idioma,** donde podrá seleccionar paquetes de idiomas.
- **Zona horaria por defecto: administración-ubicación-configuraciones de ubicación.**
- **Contraseña de acceso:** se podrá seleccionar también la contraseña mínima de acceso desde **seguridad-políticas del sitio-políticas de contraseña.**

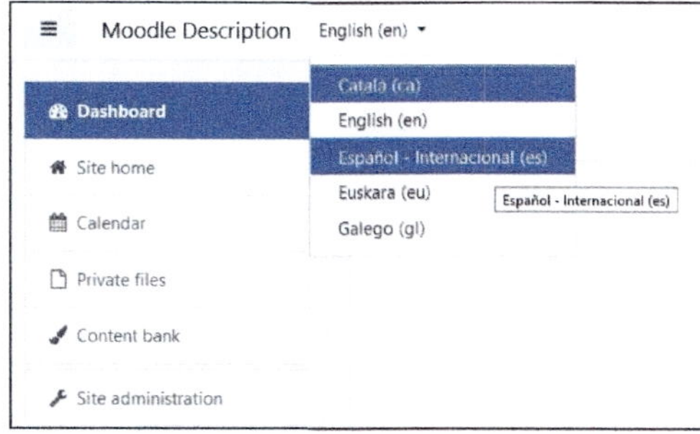

Configuración de idioma en Moodle

Una vez que se ha creado el espacio en *Moodle* y configurado las acciones básicas, tendremos que implementar el contenido de la acción formativa, para lo que podremos añadir archivos a la plataforma y añadir recursos y actividades, donde se incluirán obviamente las acciones de evaluación de la acción formativa.

- **Añadir archivos a *Moodle*.** Para la creación y configuración de las acciones formativas o cursos de *Moodle,* la plataforma nos permitirá subir archivos, que podrán ser texto, imágenes o presentaciones.
  Para iniciar la carga de archivos será preciso asegurarse de que se tiene activada la edición en *Moodle.*
  Posteriormente, el procedimiento más simple será el de arrastrar y soltar, a través de un navegador seleccionamos el archivo con un clic y arrastramos y soltamos, nos aparecerá, entonces, en la parte superior de la pantalla.
  Para subir carpetas será necesario comprimirlas en zip, para, posteriormente, descomprimirlas (unzip) para extraer los archivos y, después se clicará en guardar para que el alumnado pueda ver los archivos subidos.
- **Añadir recursos o actividades.** Para añadir recursos o actividades, en lugar de arrastrar y soltar seleccionaremos la opción de **Añadir una nueva actividad o recurso,** desde donde podemos seleccionar el archivo que se pretende subir o el tipo de actividad que pretendemos crear.

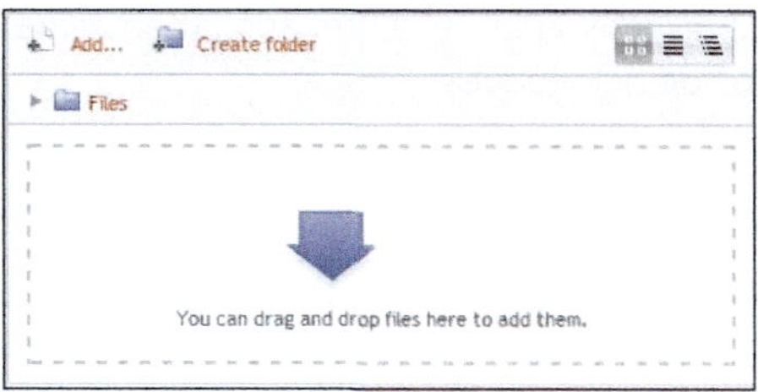

Área en donde arrastrar y soltar archivos

Puedes conocer más sobre el diseño de la apariencia y configuración de los cursos en *Moodle* accediendo desde aquí:

https://redirectoronline.com/ssce310412

5.6. Inclusión de un enlace de acceso al curso y contraseña de invitado en el *e-porfolio*

Además, como actividad para evaluar el progreso y la evolución del alumnado, un *e-porfolio* puede ser usado por los docentes, ya que les sirve para la creación de una página web para la inclusión de material interactivo, que puede ser usado desde diferentes formatos en el aula, como presentaciones en línea, subida de archivos para descargar, blog de aula o, incluso, como aula virtual.

IMPORTANTE

Los *e-porfolios* van a permitir la presentación de contenidos interactivos con una apariencia atractiva para el alumnado, además de permitir la inclusión de diferentes tipos de actividades.

La mejor opción para su uso será la combinación de *e-porfolio* con otras herramientas, generando el acceso a las mismas desde el propio *e-porfolio.*

Usando el *e-porfolio* podremos desarrollar las siguientes competencias en el alumnado:

Competencias de emprendimiento o iniciativa

Con respecto a los **accesos los *e-porfolios*** van a incluir opciones específicas que permitirán controlar los roles de acceso y permisos para las personas que accedan a los contenidos de los mismos, de esta manera se podrán configurar los roles de invitados para el acceso.

Por otro lado, será interesante también cómo estas herramientas permiten la incrustación de RRL o HTML, para incluir en ellas accesos a los cursos creados con otras plataformas, por ejemplo.

A modo de ejemplo podemos ver en la siguiente imagen un *e-porfolio* creado con la herramienta *Wix.*

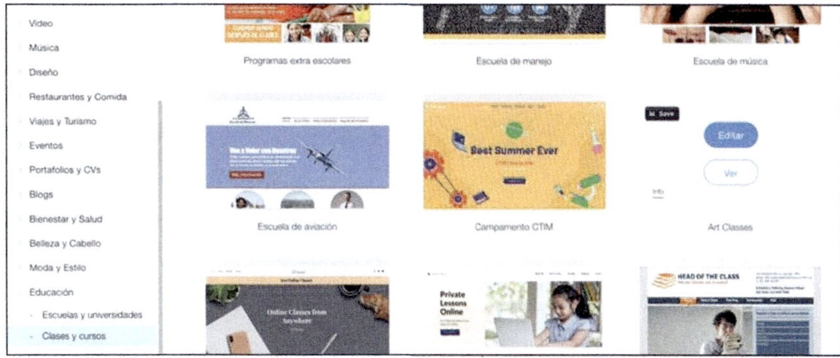

E-porfolio creado con la herramienta Wix

PARA SABER MÁS

Puedes saber más sobre esta herramienta accediendo desde aquí:

Continúa en página siguiente >>

<< Viene de página anterior

https://redirectoronline.com/ssce310413

Por otro lado, la plataforma *Moodle* también nos va a permitir la creación de porfolios que van a facilitar al alumnado exportar su trabajo hacia un porfolio externo. Los *e-porfolios* están deshabilitados por defecto y se deben habilitar desde la administración del sitio.

Para habilitarlos será necesario dar los siguientes pasos:

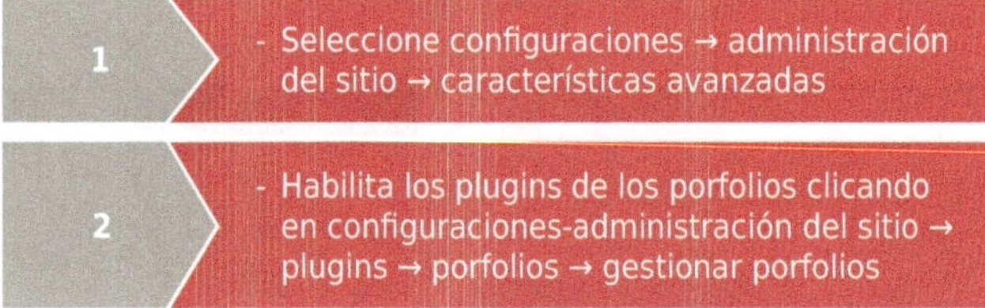

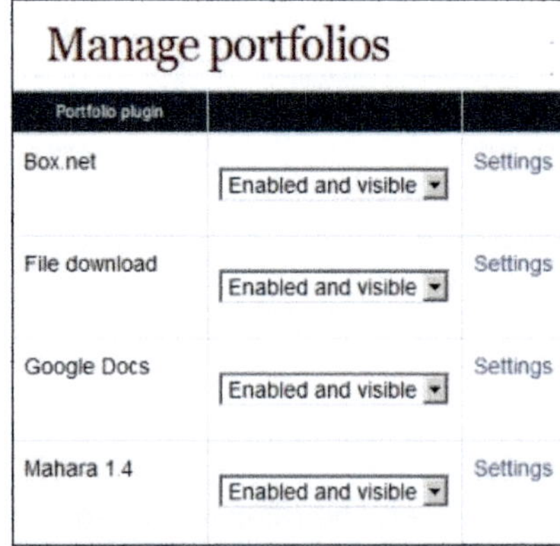

Habilitar porfolios en Moodle

IMPORTANTE

En los porfolios de *Moodle* solo hay una capacidad para los mismos: "Export to porfolios" que está permitida para cualquier rol de *Moodle*.

PARA SABER MÁS

Puedes saber más sobre las configuraciones individuales de los porfolios *Moodle* accediendo desde aquí:

https://redirectoronline.com/ssce310414

6. Resumen

Las principales características de los entornos virtuales de aprendizaje son:

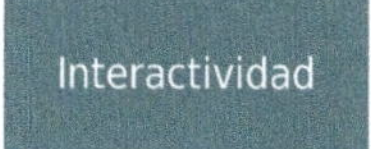

Flexibilidad

Escalabilidad

Estandarización

Las herramientas de gestión de contenidos se definen como aquellas aplicaciones *software,* plataformas *online* o cualquier otro tipo de herramienta diseñada para la creación, desarrollo y publicación de contenido digital.

Las ventajas de estas herramientas son:

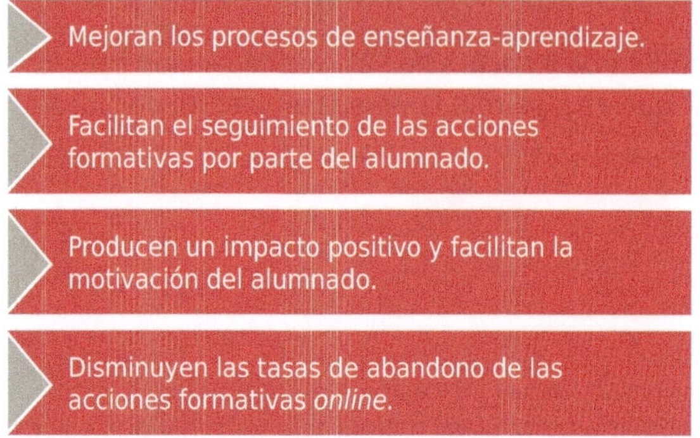

Los LMS tienen las siguientes características:

Los pasos para realizar la implementación de una acción formativa son los siguientes:

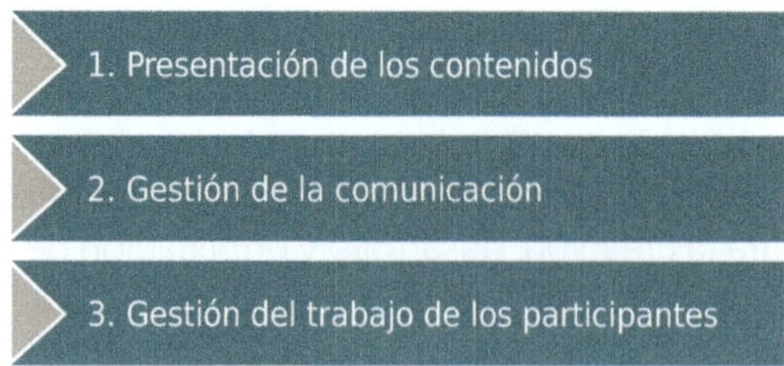

Ejercicios de autoevaluación Unidad de Aprendizaje 4

1. **¿Cuál de las siguientes no es una característica de los EVA?**

   a. Flexibilidad
   b. Escalabilidad
   c. Estandarización
   d. Introspección

2. **¿Qué significan las siglas SCORM?**

   a. *Shareable Content Object Reference Model*
   b. *Shareable Object Reference*
   c. *Shareable Content Objetives Model*
   d. Sitios Compartidos Aprendizaje Colaborativo

3. **¿Cuál de los siguientes no es una característica de los EVA?**

   a. Permiten las comunicaciones entre las personas usuarias del entorno.
   b. Contienen diferentes tipos de actividades que pueden ser usadas en las acciones formativas.
   c. Comprenden una serie de requisitos técnicos multidioma.
   d. Facilitan el seguimiento y evaluación de los progresos del alumnado.

4. **Señala cuál de las siguientes no es uno de los ámbitos para el análisis de la calidad técnica de los EVA:**

   a. Calidad técnica
   b. Calidad organizativa-creativa
   c. Calidad didáctica
   d. Calidad específica

5. **Indica cuál de los siguientes no está recogido dentro de la calidad didáctica que debe tener un EVA:**

   a. Aprendizaje significativo
   b. Aprendizaje activo

c. Aprendizaje cooperativo
d. Aprendizaje individualizado

6. Determina si la siguiente oración es verdadera o falsa: "Dentro de un EVA, el administrador se encarga del mantenimiento del servidor y de administrar los espacios, claves y privilegios".

- Verdadero
- Falso

7. Cuál de las siguientes no es una ventaja del uso de las herramientas de creación de contenidos digitales

a. Mejora los procesos de enseñanza aprendizaje.
b. Facilita el seguimiento de las acciones formativas por parte del profesor.
c. Producen un impacto positivo y facilitan la motivación del alumnado.
d. Disminuyen las tasas de abandono de las acciones formativas *online*.

8. ¿Cuál de las siguientes no es una característica de los LMS?

a. Descentralización
b. Flexibilidad
c. Estandarización
d. Funcionalidad

9. Determina si la siguiente oración es verdadera o falsa: *"Moodle,* sin duda, es uno de los sistemas de LMS más famosos y usados en todo el mundo. Se trata de un LMS de código abierto, por lo que es gratuito y accesible".

- Verdadero
- Falso

10. ¿Cuál será el primer paso para la creación y gestión de cursos en *Moodle*?

a. Establecer categorías
b. Establecer el rol de administrador
c. Generar el curso
d. Establecer los módulos del curso

Unidad de aprendizaje 5

Herramientas y recursos digitales

Contenido

1. Introducción
2. Identificación de herramientas y recursos digitales de uso específico
3. Uso de la gamificación
4. Utilización de simuladores en la formación profesional
5. Aplicación de herramientas y recursos digitales en la formación profesional
6. Resumen

Objetivos

El objetivo general de esta Unidad de Aprendizaje es:

→ Identificar las herramientas y recursos digitales tales como la gamificación, uso de simuladores, realidad aumentada y realidad virtual y su aplicación en el sector de la formación profesional.

Los objetivos específicos de esta Unidad de Aprendizaje son:

→ Seleccionar herramientas y recursos digitales según el uso específico determinado.

→ Conocer y experimentar con un sistema de realidad virtual o aumentada.

→ Organizar y planificar el trabajo durante el desarrollo de las actividades colaborativas.

→ Reconocer las diferentes posibilidades y usos que nos permite la realidad aumentada para las aplicaciones educativas.

1. Introducción

Para la creación de los contenidos y actividades de las acciones formativas en los entornos digitales se nos ofertan desde el mercado una ingente variedad de herramientas y recursos.

Cada una de estas herramientas contendrá unas posibilidades de realización y materialización diferentes y, en muchos casos, el uso de una u otra herramientas va a ser solo cuestión de preferencias personales de la persona que las vaya a manejar.

Para Laura, alumna en práctica de la empresa EDUCAM, se abrirá todo un abanico de posibilidades para el diseño, desarrollo y gestión de las actividades y los contenidos del módulo formativo de Secretariado de Dirección, que, de forma conjunta con su profesora, estaba desarrollando en formato digital.

2. Identificación de herramientas y recursos digitales de uso específico

HILO CONDUCTOR

Laura va a ponerse manos a la obra para realizar las actividades didácticas y los contenidos digitales del módulo de Secretariado de Dirección por medio de herramientas y recursos digitales que los conviertan en elementos más atractivos y mejore la calidad de la acción formativa, para ello, tendrá que identificar las diferentes opciones existentes en el mercado.

Las herramientas y recursos digitales de uso específico aplicado a la docencia consisten en aquellas aplicaciones informáticas y programas digitales que ayudan en el proceso de enseñanza en diferentes tareas, como bien puede ser la búsqueda y selección de información, la organización de datos y/o conceptos, la realización de presentaciones para el alumnado y la realización de actividades para desarrollar el proceso de enseñanza-aprendizaje.

Las herramientas y recursos digitales son de utilidad para la docencia, ya que nos permiten:

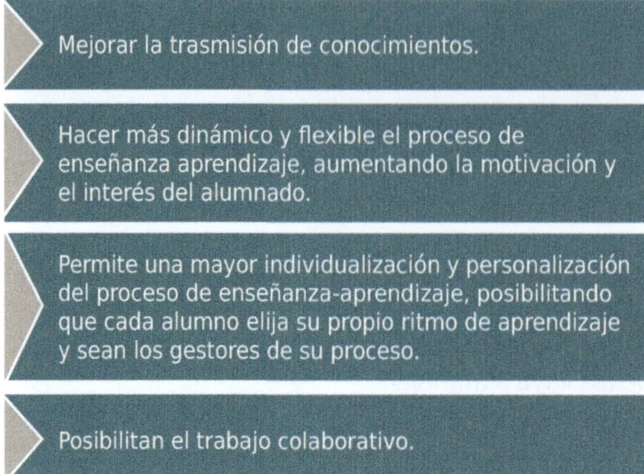

2.1. Concepto de herramientas y recursos digitales

Las herramientas y recursos digitales son el conjunto de programas, plataformas y aplicaciones orientados a generar contenido de utilidad, ameno y provechoso para el alumnado, de manera que facilitan el proceso de enseñanza-aprendizaje y el acceso a la información.

Estos pueden contribuir a realizar el proceso de enseñanza-aprendizaje más ameno y motivante, no obstante, no deben usarse *per se,* sino que han de estar dirigidas a la consecución de los objetivos del aprendizaje, además su uso se justificará en los siguientes casos:

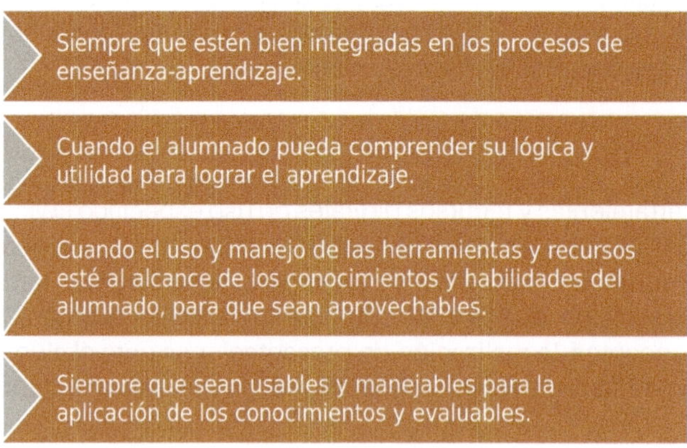

Ventajas e inconvenientes de su uso

Las **ventajas** del uso de las herramientas y recursos digitales en la docencia son las siguientes:

1. Facilitan la comprensión de los conocimientos, aumentan la motivación del alumnado y facilitan la atención.
2. Mejoran la autonomía, tanto del alumnado como del profesorado, ya que hace que las personas sean más autosuficientes y resolutivas en sus procesos de aprendizaje.
3. Facilitan el aprendizaje colaborativo y el trabajo en equipo.
4. Promueven el desarrollo del pensamiento crítico, proporcionando al alumnado un mayor número de puntos de vista sobre una misma cuestión.
5. Desarrollan la comunicación entre todas las partes de la comunidad educativa.
6. Promueven el reciclaje y la renovación de los métodos y técnicas de enseñanza aprendizaje que usan los docentes.

Las herramientas y recursos digitales también cuentan con algunos **aspectos negativos,** como son:

- Dificultan la discriminación de la información, por el volumen e información al que se tiene acceso es difícil discernir cuál es válida y fiable.
- Pueden provocar la superficialidad en el estudio, saltando de un tema o actividad a otro, sin analizar con detenimiento el contenido.
- Pueden provocar pasividad al recibir la información.
- El alumnado puede incurrir en plagio de trabajo o "corta y pega".

Tipos

Los tipos de herramientas y recursos digitales se podrían clasificar del siguiente modo:

- **Plataformas o EVA.** Facilitan el uso de los recursos digitales al integrarlos todos en un mismo sistema, algunos ejemplos son *Moodle, Google Classroom* o *Blackboard.*
- **Contenidos digitales.** Tales como libros digitales, repositorios, revistas electrónicas, imágenes, videotutoriales, presentaciones con audio incorporado, pódcast, animaciones, etc.
- **Sistemas de comunicación.** Correo electrónico o mensajería, avisos, calificaciones y *feedback,* calendarios, fechas de entrega, foros, blogs, etc.
- **Herramientas para actividades.** Laboratorios virtuales, simulaciones, vídeos, audios, presentaciones, etc.

Aspectos que tener en cuenta

Siempre que usemos una herramienta o recurso digital debemos tener en cuenta lo siguiente:

Que funcione
- Se debe comprobar que su funcionamiento es adecuado antes de ponerlo en marcha con el alumnado, para evitar errores de uso o fallos en la realización de las actividades o tareas.

Que cumple con el objetivo
- Que su finalidad es clara y está bien comunicada, así como los criterios de evaluación, en el caso de que los haya.

Que los complementos docentes están preparados
- El recurso o herramienta digital puesto en práctica puede exigir el acompañamiento de alguna explicación docente, o puede resultar de hilo conductor para otros conocimientos, en estos casos será necesario tener esto en consideración y tenerlos preparados de antemano.

2.2. Herramientas de vídeo: videotutoriales

Podemos considerar **vídeos educativos** a aquellos que cumplen con un objetivo didáctico previamente formulado.

Así, pues las **herramientas de vídeo** van a ser aquellas que nos permitan la realización de vídeos didácticos. Para Cebrián (1987) existen cuatro tipos de vídeos didácticos:

- **Curriculares.** Son aquellos vídeos que se ajustan expresamente a la programación de una asignatura.
- **Divulgación cultural.** Son aquellos vídeos que presentan determinados aspectos culturales.
- **Científico-técnicos.** Se exponen contenidos relacionados con el avance de la ciencia y la tecnología.
- **Vídeos de educación.** Son aquellos que son utilizados como recursos didácticos, aunque no han sido especialmente diseñados para este fin.

IMPORTANTE

Si hay una característica positiva que destaque sobre las demás en cuanto al vídeo es su potencialidad expresiva, que es la capacidad que tiene para transmitir un contenido educativo completo.

APLICACIÓN PRÁCTICA

María es estudiante de un ciclo formativo de peluquería, recientemente su profesora le ha puesto un vídeo en clase que hablaba de las características de los diferentes tipos de tintes del pelo y su obtención por métodos químicos. ¿De qué tipo de vídeo se trata?

Solución

Se trata de un vídeo de tipo científico técnico, ya que trata contenidos propios de la materia de peluquería y, además, los avances científicos relacionados con su profesión.

Se pueden diferenciar dos tipos de vídeos didácticos en función del soporte con el que se realizan:

Lineal o analógico	No lineal o digital
- Aunque está en desuso por el avance de los métodos de edición y grabación de los vídeos, aún podemos observar la forma lineal de grabación de los vídeos de forma de secuencia continuada y ordenada.	- En el proceso de edición se pueden mover, cortar y alterar las secuencias e imágenes, por lo que no es necesario grabar el vídeo de forma lineal. Las imágenes pueden ser seleccionadas y la secuencia puede variar en función de lo que se pretenda explicar.

IMPORTANTE

La edición digital de los vídeos también nos va a permitir corregir o mejorar aspectos de la grabación para mejorar la calidad del producto final del vídeo.

El uso de los vídeos como recurso didáctico puede aplicarse en diferentes situaciones, según el objetivo que se persiga con el vídeo, puede usarse para:

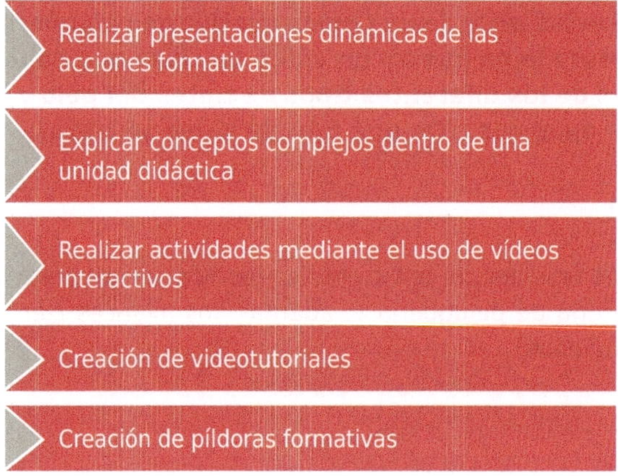

Videotutoriales

Los videotutoriales son vídeos didácticos que incluyen **una guía paso a paso** sobre cómo realizar una tarea específica, aprender una habilidad o entender un concepto.

Las ventajas del uso de videotutoriales en los procesos de enseñanza aprendizaje son las siguientes:

Continúa en página siguiente >>

<< Viene de página anterior

Guía paso a paso
- Los videotutoriales realizan divisiones de tareas complejas en pasos más sencillos.

Son más atractivos
- El vídeo resulta un elemento más atractivo que únicamente el texto, además se le pueden incorporar demostraciones, animaciones y ejemplos.

Alcance global
- Los videotutoriales pueden compartirse en línea, por lo que todo el mundo puede aprender de ellos.

Los pasos para grabar un videotutorial son:

1. **Análisis sobre el aprendizaje.** Deberá determinarse el objetivo u objetivos del aprendizaje que se pretenden cubrir, una investigación sobre el tópico del aprendizaje y una determinación de las características del alumnado al que va referido.
2. **Crear un esquema.** Donde se describe de forma general el contenido del vídeo y los aspectos clave a tocar.
3. **Diseño de un guion gráfico.** En este guion se describe paso a paso las secuencias que va a contener el vídeo.
4. **Redactar un guion.** Simplemente deberá ajustarse a las secuencias definidas en el guion gráfico.
5. **Instalación de micrófono y herramienta de edición digital de vídeo.** En este apartado será necesario seleccionar una herramienta digital para la edición del vídeo y la selección del medio para la grabación del audio. Se recomienda no usar el micrófono del ordenador o tableta, ya que va a tener mala calidad de sonido.
6. **Grabación del videotutorial.** Siguiendo las secuencias que se han descrito en el guion gráfico.
7. **Edición del videotutorial.** En esta parte se seleccionarán las imágenes, se incluirán los efectos gráficos y de sonido que se hayan preparado, etc.

Algunas herramientas de vídeo que permiten la grabación y la edición de videotutoriales son las siguientes:

- ***Loom.*** Permite grabar y compartir la pantalla del ordenador o dispositivo, así como grabar mediante una *webcam,* también este programa permite la edición, la descarga del vídeo y compartirlo mediante un enlace. Se puede instalar a través de *Google Chrome.* Dispone de un plan básico gratuito que permite grabar hasta 25 vídeos de cinco minutos.

- ***Canva.*** Se trata del programa más usado, permite diseñar vídeos a través de su biblioteca con miles de plantillas y archivos gratis, animaciones y audio. Se podrán diseñar vídeos de animación, de fotos y música, añadir filtros, etc. Cuenta con opciones gratuitas y posibilidad de obtener la versión *Premium.*
- ***Wideo.*** Permite la creación de vídeos educativos en línea, contienen diversas plantillas personalizables y una biblioteca de vídeos, imágenes y audios o pistas de música gratuita. Cuenta con un paquete gratuito que permite la creación de vídeos de hasta un minuto de duración.
- ***Powtoon.*** Es una herramienta de edición que permite la elección entre más de 100 plantillas de vídeo, animación y personajes, fondos, sonidos y música, todos los recursos son personalizables. Cuenta con un plan gratuito que permite la creación de vídeos didácticos de hasta tres minutos de duración.

PARA SABER MÁS

Puedes saber más sobre el uso de *Canva* para la realización de vídeos accediendo desde aquí:

https://redirectoronline.com/ssce310415

ACTIVIDAD COMPLEMENTARIA

9. Accede a *Canva* a través de su cuenta gratuita, para ello puedes usar *Google, Facebook* o tu correo electrónico, una vez hayas entrado selecciona la opción de vídeos:

Continúa en página siguiente >>

<< Viene de página anterior

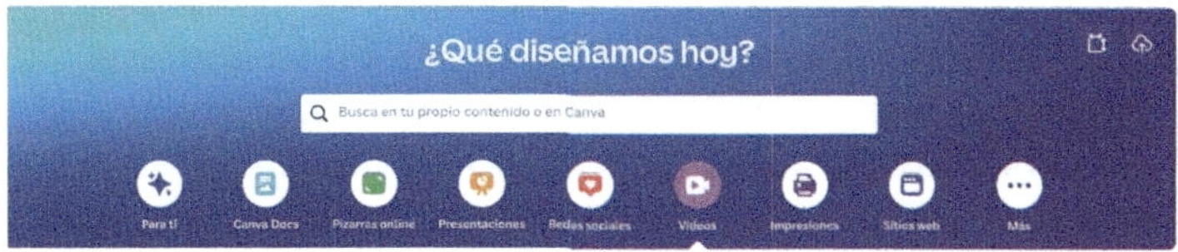

Y escoge la plantilla que más te guste de vídeo para móvil.

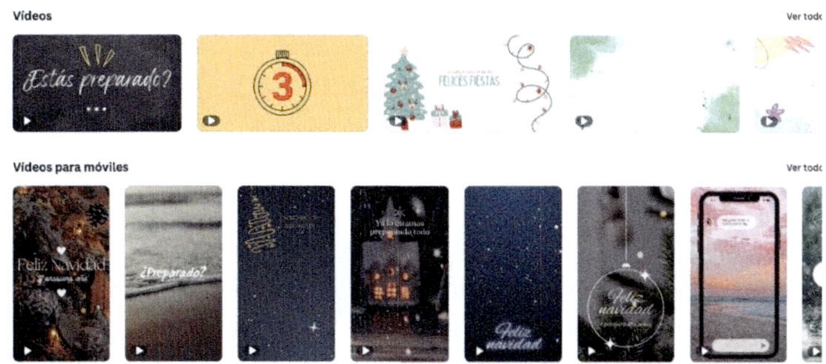

En este vídeo céntrate en explicar, al menos, una de las ventajas de los vídeos didácticos y argumentar durante un minuto.

2.3. Herramientas de *storytelling* y animación

La animación puede usarse para la creación de tutoriales interactivos y visualmente atractivos que ayuden al alumnado a la adquisición de los nuevos conceptos y habilidades de una manera más motivante y efectiva. Las herramientas digitales de animación nos ayudarán a la realización de estas animaciones con un fin didáctico.

Cuando hablamos de ***storytelling*** hacemos referencia al arte de contar historias. Se trata de un proceso con una narrativa estructurada que se usa para comunicar un mensaje a través de sucesos. Busca conectar emocionalmente con el público, de manera que se involucren en la trama y se identifiquen con los personajes.

Los elementos del *storytelling* son los siguientes:

- **El mensaje.** Se trata de la idea transmitida, es lo que puede cambiar la vida de las personas.
- **El ambiente.** Los hechos deben suceder en algún lugar, debe describirse con el máximo detalle.
- **El personaje.** Es quien recorre toda la jornada, sufre la transformación que lleva a la trasmisión del mensaje. Para superar esa transformación debe solventar el conflicto.
- **El conflicto.** Es el principal factor que ocasiona el interés del público, el conflicto debe ser elaborado y de difícil resolución para provocar la transformación del personaje y, a su vez, el interés del público.

EJEMPLO

Un ejemplo de *storytelling* es el modelo Pixar.

Pixar es responsable de numerosos éxitos de taquilla como *Buscando a Nemo* o *Toy Story*, el *storytelling* que aplican en la realización de sus películas es bastante simple, pero con unos resultados excelentes.

1. Acto: presentación: Érase una vez...

   Los personajes son presentados en su mundo, con toda la rutina sucediendo normalmente hasta que...
   ¡Tenemos el evento que anuncia el conflicto!

2. Acto: La jornada

   Debido al conflicto, tenemos una serie de otros sucesos que se convierten en obstáculos para el protagonista. Cada obstáculo genera uno nuevo y esto sigue sucediendo hasta llegar al conflicto final.
   En esta jornada, acompañamos la transformación del personaje principal que llega al fondo del pozo antes de lograr su transformación, para, luego, solucionar el conflicto.

3. Acto: El cambio

   Son presentados los personajes en su nueva rutina, ahora transformados por la resolución del conflicto.
   Teniendo como base este cambio, el mensaje es transmitido emocionando e impactando a la audiencia.

Algunas herramientas para animación y *storytelling* son las siguientes:

- ***Animaker.*** Se trata de un *software online* para la creación de vídeos y animaciones, tanto de imagen real como animados. A través de sus plantillas permite la creación de personajes únicos y contiene una biblioteca con más de 100 millones de vídeos y fotografías de archivo. Contiene una versión gratuita y diferentes planes *Premium* en función de las necesidades.
- ***Blender.*** Se trata de un programa de código abierto, por lo que su uso es gratuito, permite realizar la animación, la simulación, seguimiento de movimiento y composición, la creación de juegos, etc.
- ***Visme.*** Al igual que los programas anteriores, *Visme* permite la creación de contenidos y animaciones, en este caso, también contiene una versión gratuita y una de pago.

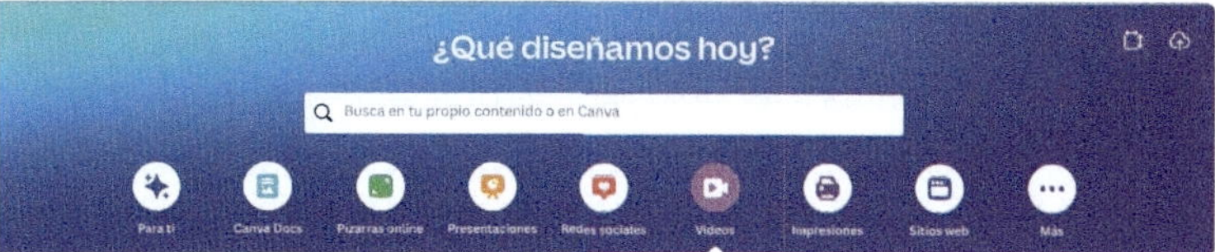

Página principal de Animaker

NOTA

Las herramientas de vídeo como *Wideo, Canva, Powtoon,* etc. también nos servirán para crear animaciones, al igual que las herramientas como *Animaker, Blender* o *Visme*, nos permitirán crear vídeos con imágenes reales. Existen multitud de herramientas y recursos para hacer vídeos y animaciones con los que solo tendremos que seleccionar aquella que se ajuste más y mejor a nuestras necesidades.

ACTIVIDAD COMPLEMENTARIA

10. Analiza la secuencia del *storytelling* de la película Buscando a Nemo de Pixar, realiza una aproximación de los cuatro elementos de los *storytelling.* Por último, compara los resultados con los de tus compañeros y selecciona otras películas como *Toy Story* o *Frozen* para hacer lo mismo.

2.4. Herramientas para la creación de mapas conceptuales y *brainstorming*

Las herramientas y recursos digitales también nos van a facilitar la creación de mapas conceptuales y *brainstorming* o lluvias de ideas. Algunos ejemplos de herramientas y recursos son lo que verás a continuación.

DEFINICIÓN

Mapa conceptual
Los mapas conceptuales son una técnica pedagógica de síntesis o resumen de un tema o método de estudio. Se fundamenta en la esquematización visual de los conceptos clave que son relevantes para el tema en sí.

Lluvia de ideas
La lluvia de ideas o *brainstorming* se trata de una técnica grupal para la generación de ideas en un ambiente relajado, aprovechando la capacidad creativa de los participantes. Su objetivo será que el grupo genere tantas ideas como sea posible en un período muy breve, teniendo en cuenta la propagación de las ideas por la influencia que ejercen unas sobre las otras.

Algunas de las aplicaciones que nos ayudan a la realización mediante formato digital de estos mapas conceptuales son:

- ***Draw.io.*** Se trata de una herramienta de código abierto, que permite la creación y edición de diagramas, con integración en diversas plataformas, permite la creación de diferentes tipos de mapas conceptuales: esquemas de red, flujogramas y diagramas.

- ***Vennage.*** Esta aplicación está disponible para trabajar en línea, pero permite también el trabajo sin conexión.
- ***Cacoo.*** Esta aplicación permite el trabajo colaborativo en la creación y edición de mapas conceptuales, además de hacerlo a tiempo real. La aplicación incluye la posibilidad de la edición multiusuario, chat, comentarios y notificaciones.
- ***Lucidchart.*** Se trata de otra herramienta que nos va a permitir la creación de diferentes tipos de mapas conceptuales y, además, el trabajo colaborativo sobre dichos mapas, en tiempo real. Esta herramienta es compatible con casi todos los navegadores.

Algunas herramientas para la generación de *brainstorming* digitales son las siguientes:

- ***Scapple.*** Está considerada una de las mejores herramientas, su interfaz de usuario es bastante simple e intuitiva, además posibilita la lluvia de ideas a tiempo real.
- ***Google Jamboard.*** Se trata de una pizarra interactiva que permite el trabajo en equipo en el desarrollo de las lluvias de ideas y su visualización en tiempo real.
- ***Miro.*** Esta herramienta permite la creación de reuniones, diseñar experiencias de usuario, crear diagramas y mapas conceptuales, además de poder crear planificaciones estratégicas a tiempo real.

2.5. Herramientas para la creación de presentaciones e infografías

Las presentaciones didácticas van a consistir en diferentes formas de ofrecer la información sobre un contenido determinado, para lo que se podrán usar diferentes herramientas y recursos digitales para su creación y edición, de una forma que sea atractiva y motivante para el alumnado.

Infografía
Las infografías son representaciones didácticas visuales que van a contener datos e información.

Algunas de las herramientas que van a permitir la creación y edición de presentaciones e infografías de forma digital son las siguientes:

- ***Genial.ly.*** Permite la creación, edición, organización y compartir recursos educativos en un entorno en línea personalizado, de manera que hace las presentaciones e infografías mucho más atractivas para el alumnado, además de permitir la interactividad. Contiene una serie de plantillas que van a permitir la elaboración de presentaciones, dosier, infografía, vídeo presentaciones, etc. Su interfaz es muy visual e intuitiva.
- ***Picktochart.*** Se trata de una herramienta *online* que permite diseñar infografías, *flyers,* pósteres, presentaciones, etc., es ideal para fines educativos, pero también tiene otros ámbitos de aplicación como el *marketing* o los recursos humanos.
- ***Canva.*** Se trata de una herramienta muy completa que también nos va a permitir crear presentaciones e infografías, a partir de sus plantillas de diseño.

PARA SABER MÁS

Si quieres conocer más herramientas de diseño para la realización de presentaciones e infografías puedes hacerlo accediendo desde aquí:

https://redirectoronline.com/ssce310501

2.6. Herramientas para *visual thinking*

El ***visual thinking*** es una técnica metodológica que permite la organización y representación de pensamientos a través de dibujos, entre otros muchos beneficios mejora la atención del alumnado y su implicación.

Esta técnica nos va a servir para organizar y representar ideas, pensamientos o contenidos mediante el uso de dibujos.

NOTA

El *visual thinking* es una técnica metodológica que nos puede ser de gran ayuda en la resolución de problemas complejos.

https://redirectoronline.com/ssce310502

Algunas de las herramientas para desarrollar el *visual thinking* son:

- ***Sparkol.*** Se trata de una aplicación que permite la conversión digital de un diseño elaborado a mano, para lo cual se toma una foto del mismo, al abrir la aplicación se carga como modelo y se edita para marcar el recorrido de la presentación, también permite que se le añada audio.
- ***Concepts.*** Se trata de un cúmulo de herramientas para usar ajustándose a las necesidades. Permite que se dibujen las ideas, escribir, realizar garabatos, gráficos y bocetos. También su uso es gratuito.

3. Uso de la gamificación

HILO CONDUCTOR

Una vez Laura conoce un buen número de herramientas y recursos digitales que van a permitir la creación y diseño de contenidos y actividades para las acciones formativas, es hora de dar un paso más allá y conocer el uso y los

Continúa en página siguiente >>

<< Viene de página anterior

beneficios de la gamificación para el desarrollo de las acciones formativas en medios digitales.

Con el uso de la gamificación se pretenden potenciar las habilidades del alumnado mediante la experimentación y el juego, a través de una experiencia lúdica motivante que ayude a fijar los conocimientos.

Los objetivos que persigue esta metodología pasan por:

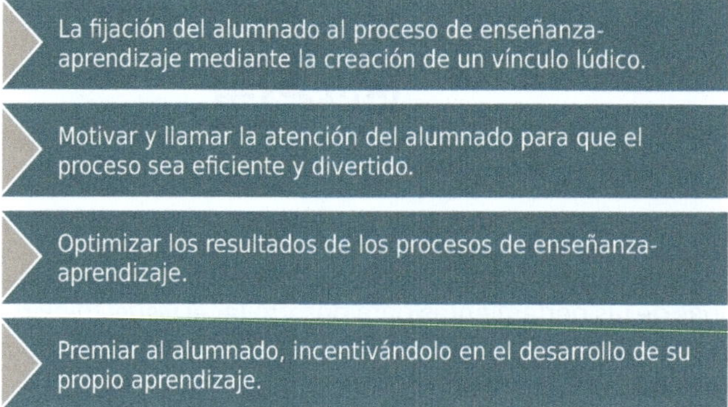

3.1. Concepto de gamificación

La gamificación es una estrategia o metodología educativa que permite integrar y vincular al alumnado en su proceso de aprendizaje a través de la creación de espacios lúdicos. El juego se convierte en una estrategia metodológica para la mejora del proceso de enseñanza-aprendizaje.

Nos basaremos para determinar las principales **características** de la gamificación en las que propone Borrás (2015):

- **Activación de la motivación por el aprendizaje.** Mejora la atención del alumnado al proponerles objetivos que alcanzar y fomenta el esfuerzo por el aprendizaje.

- **Retroalimentación continuada.** El alumnado puede ver y comprobar a cada momento cuáles son sus fortalezas y debilidades en el proceso de aprendizaje.
- **Aprendizaje significativo.** El alumnado puede experimentar con los aprendizajes.
- **Resultados medibles.** A través de la obtención de puntos, trofeos, ganancias, vidas de juego, el alumnado y los docentes pueden medir el aprendizaje del alumnado.
- **Adecuación de las competencias.** Cada alumno busca su propia mejora a través del esfuerzo que van realizando en cada momento.
- **Capacidad de conectividad *online*.** Por lo que fomenta el aprendizaje cooperativo y fomenta las relaciones sociales.

3.2. Elementos del juego

Los elementos dentro de la gamificación serán aquellas herramientas del juego que se crean para aumentar la motivación del alumnado y comprobar cómo se involucra con el aprendizaje de una plataforma concreta.

Atendiendo a las clasificaciones de Romero Rodríguez (2019) y Espinosa Gallardo (2019), se pueden diferenciar los siguientes elementos:

- **Dinámicas.** Se trata de los aspectos generales del juego, están relacionados con la motivación, los efectos y los deseos que se pretenden crear en la persona que juega. Dentro de las dinámicas se pueden encontrar los siguientes elementos:

  - **Reglas:** son las normas del juego propiamente dichas, como los turnos, el objetivo, quién gana y quién pierde, etc.
  - **Narrativa:** se trata del espacio donde va a desarrollarse el juego, es el ambiente y su situación, los diferentes personajes que pueden aparecer en él, los mundos creados para el juego o las propias fases del juego.
  - **Sorpresa:** son las recompensas que el jugador irá logrando a lo largo del juego, fundamentalmente se usan para mejorar la motivación del jugador.

A continuación, se muestra una tabla en la que puedes ver la mecánica y la dinámica del juego (Ciganda Azkarate, 2018):

Mecánica de juego	Dinámica de juego
Puntos	Recompensa
Niveles	Estado
Trofeos, insignias, logros...	Logros
Bienes virtuales	Autoexpresión
Marcadores	Competencia
Regalos Virtuales	Altruismo

3.3. Beneficios de la gamificación

La gamificación va a contener multitud de beneficios para la aplicación a la didáctica, aunque también habrá que tener en consideración algunas desventajas del uso de esta metodología educativa.

Para comprobar cuáles son las ventajas nos basaremos en las recopilaciones realizadas por Romero Rodríguez y Espinosa Gallardo (2019) y Ciganda Azkarate (2018):

1. **Motivación por el aprendizaje:** el alumnado habitualmente disfruta con este tipo de estrategias, lo que aumenta la motivación por el proceso de aprendizaje.
2. **Aprendizaje significativo:** al ser una metodología más atractiva y presentar mayores cotas de motivación en el alumnado, los aprendizajes perduran durante más tiempo en la memoria del alumnado y se retiene más contenido.
3. **Retroalimentación:** el alumnado es el centro del proceso de aprendizaje, por lo que se produce continuamente el *feedback* de sus conocimientos, logros y errores.
4. **Mayor autonomía:** los juegos plantean retos al alumnado que han de superar por sí mismos, aumentando progresivamente las habilidades de gestión y el desarrollo de las actividades, mejorando el grado de autonomía y de adquisición de habilidades.
5. **Alfabetización digital:** contribuye a la adquisición por parte del alumnado de competencias digitales.

6. **Socialización:** se pueden promover juegos de tipo colaborativos, por lo que se puede mejorar la comunicación y las habilidades sociales.
7. **Transmisor de valores:** como el respeto al resto de jugadores o a las reglas del juego.
8. **Mejora las habilidades cognitivas y psicomotrices:** potencia las habilidades como la memoria o la capacidad de concentración, además de mejorar la agudeza visual y la coordinación espacial.
9. **Capacidad de resolución de conflictos y toma de decisiones:** se ven aumentadas las habilidades para la resolución de los conflictos, asimismo, la toma de decisiones es continuada en los juegos, por lo que también se fortalece.
10. **Potencia la creatividad:** aumenta la imaginación y la capacidad de inventiva del alumnado.

Al respecto también existen una serie de **desventajas** asociadas a la gamificación, como pueden ser las siguientes:

3.4. Herramientas de gamificación: *Kahoot, Socrative* y *Duolingo* entre otros

De cara a la gamificación de los contenidos y actividades en los procesos de enseñanza-aprendizaje, podremos encontrar una serie de herramientas digitales que nos van a permitir la realización de juegos sin requerir destrezas técnicas demasiado específicas.

Entre estas herramientas encontramos las siguientes:

- ***Kahoot.*** Se trata de una herramienta gratuita que permite la creación de concursos en el aula para potenciar o reforzar los aprendizajes, donde los alumnos son los concursantes. Los concursantes pueden acceder al juego a través de su móvil, para lo que cada uno elige su propio nombre o alias. Existen en *Kahoot* dos modos de juego: **el individual y el grupal.** Una vez creadas las partidas con las preguntas, estas son accesibles a todos los participantes, de manera que pueden ser reutilizadas o modificadas. En *Kahoot* se puede modificar el tiempo de cuenta atrás, así como las posibles respuestas y se pueden añadir fotos y vídeos. Ganará el juego aquel alumno que haya otorgado más respuestas correctas.

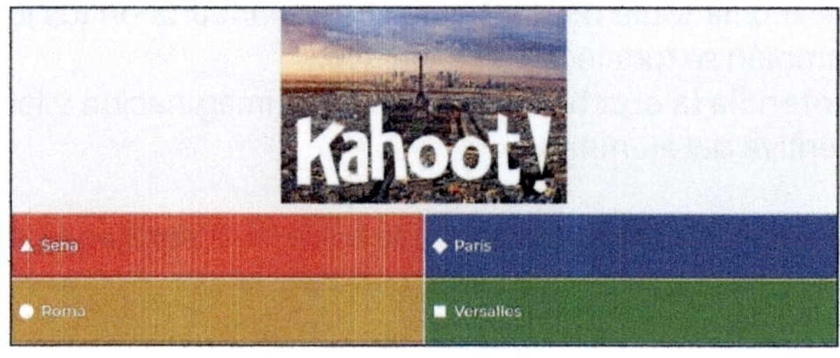

Kahoot

- ***Socrative.*** Se trata de una herramienta que permite la creación de cuestionarios *online*, tanto las respuestas como la calificación, se muestran al instante en la sesión del docente, una vez el alumnado ha finalizado. El docente crea una sala para su alumnado que se denomina *room* y desde su sesión puede ofrecer varios cuestionarios, importarlos y generar informes. Se pueden crear cuestionarios de verdadero o falso, opción múltiple de respuesta o de respuesta corta.

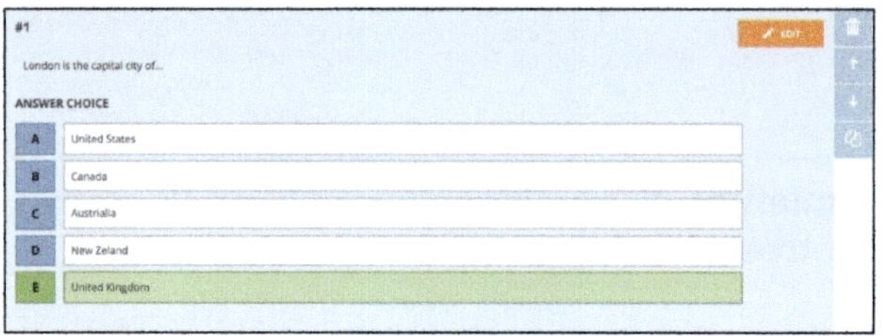

Cuestionario de opción múltiple de respuesta con Socrative

- ***Duolingo.*** Se trata de una plataforma web destinada al aprendizaje gratuito de idiomas y la certificación del nivel de inglés. Ofrece varios cursos para hablantes de distintos idiomas. Los progresos en cada unidad se visualizan mediante gráficos de memoria llena que indican el grado de adquisición de las diferentes lecciones, también es posible comparar el propio progreso con el de otros participantes mediante invitaciones.

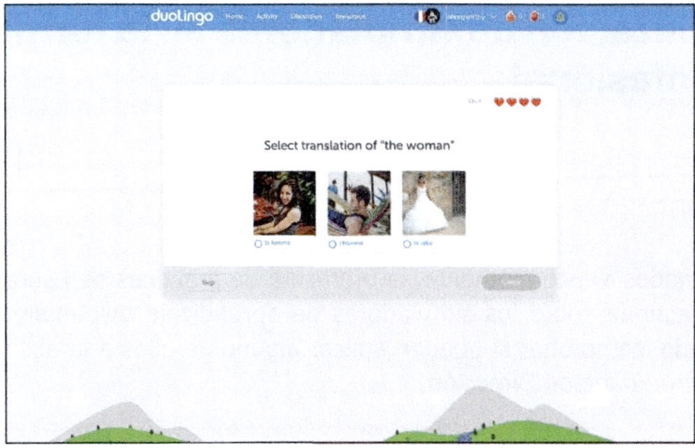

Duolingo

➲ **Otras herramientas.** Podemos usar también la herramienta *Genial.ly* como herramienta para gamificación, ya que nos va a permitir crear contenido en forma de trivial en red; por otro lado, *Quizizz* también permite la elaboración gratuita de concursos basados en cuestionarios que van a plantear al alumnado retos individuales y grupales.

PARA SABER MÁS

Puedes conocer más sobre estas aplicaciones y acceder a sus páginas y obtener la versión gratuita de uso donde podrás practicar con la creación de tus propios juegos didácticos, por ejemplo, puedes acceder a *Socrative* a través de aquí:

https://redirectoronline.com/ssce310502

4. Utilización de simuladores en la formación profesional

HILO CONDUCTOR

Llegados a este momento, la profesora de prácticas de Laura le encarga que investigue sobre los simuladores de aprendizaje disponibles, para, de este modo, comprobar si pueden aplicar alguno de ellos a la acción formativa del Secretariado de Dirección.

En la práctica de las acciones formativas para la formación profesional, en muchas ocasiones, nos podemos encontrar con la imposibilidad material de acceder a determinadas situaciones reales para proporcionar al alumnado un contexto de aprendizaje real.

No siempre vamos a tener disponible una situación real en la que poner en práctica un determinado conocimiento de cuidados sociosanitarios, un elemento mecánico sobre el que ajustar determinados parámetros o efectuar arreglos o reparaciones, etc., por este motivo, las TIC nos ponen al alcance la práctica de determinadas situaciones o procesos mediante un dispositivo. De esta manera, los simuladores formativos han pasado a ser parte de la formación profesional.

4.1. Concepto de simuladores

Un **simulador virtual** es un programa digital que trata de representar posibles situaciones de la vida real, poniendo a disposición de la persona usuaria las funcionalidades de un producto o técnica para probarlo por sí mismo. Esto va a permitir al estudiante cambiar algunos parámetros o variables de su entorno, ejecutar el modelo y analizar resultados, a semejanza de lo que ocurre en el entorno real.

Entre las **ventajas** con las que cuentan los simuladores podemos destacar las siguientes (Salas y Ardanza, 1995; Mason y Rennie, 2006; Ruíz, 2008):

Ventajas

- Favorece el aprendizaje por descubrimiento.
- Obliga a demostrar lo aprendido.
- El alumno se ejercita de forma independiente.
- La experiencia se puede repetir un número elevado de veces y se cambia el control de variables.
- Permite al alumno reaccionar tal y como lo haría en un entorno laboral.
- Fomenta la creatividad.
- Ahorra tiempo y dinero.
- Fomenta la enseñanza individualizada.
- Facilita la autoevaluación.

Como **desventajas** del uso de simuladores para las acciones formativas podemos destacar las siguientes:

Desventajas 

- Puede que el software del simulador no esté actualizado o que el gráfico induzca a errores.
- Requiere unos mínimos en cuanto a competencias digitales del alumnado.
- Es importante ser estrictos en el control sobre su aplicación para no inducir a retrasos en el tema de estudio.

4.2. Biblioteca de simuladores

La Inteligencia Artificial ha irrumpido con fuerza en el campo de la simulación en la educación, los algoritmos en los que se basan los programas de IA permiten la simulación de la inteligencia humana en las máquinas, permitiéndoles la realización de tareas que requieren funciones cognitivas como la comprensión del lenguaje, el reconocimiento de patrones y la toma de decisiones.

Los entornos que usan simuladores basados en IA nos van a permitir una zona libre de riesgos para la prueba de modelos simulando las condiciones del mundo real, permitiéndonos la prueba de teorías y algoritmos en una configuración controlada.

Los beneficios del uso de la IA para la simulación son los siguientes:

- Con el uso de estos medios se puede estimular el desarrollo de habilidades nuevas que son difíciles de poder llevar a cabo en la vida real.
- Se fomenta el pensamiento crítico y la toma de decisiones, además de ofrecer un *feedback* inmediato sobre las habilidades de desempeño de los estudiantes.
- Se reducen los errores que se pueden producir en los entornos reales gracias a las posibilidades de prácticas.

En cuanto a las principales desventajas podemos destacar:

- Se puede proporcionar información incorrecta o errónea, por lo que será necesaria la supervisión de las simulaciones
- Puede darse la falta o escasez de conocimiento sobre el tema
- Existe la posibilidad de la repetición de escenarios o situaciones de forma excesiva.
- Puede producir una sobrecarga de información y no ajustarse a las necesidades de cada alumno/a.

PARA SABER MÁS

Puedes ver un ejemplo con *ChatGTP* a través del siguiente enlace:

https://redirectoronline.com/ssce310510

IMPORTANTE

A nivel nacional podemos destacar dentro de **INTEF** (Instituto Nacional de Tecnología Educativa y de Formación del Profesorado) la **Red de Recursos Educativos en Abierto Procomún,** donde podemos encontrar numerosos simuladores, sobre las diferentes áreas de conocimientos de formación profesional que han sido creadas por distintas entidades para el estudio.

En cada uno de los simuladores aparecerán los datos de información sobre el ciclo formativo al que va destinado y el área de conocimiento.

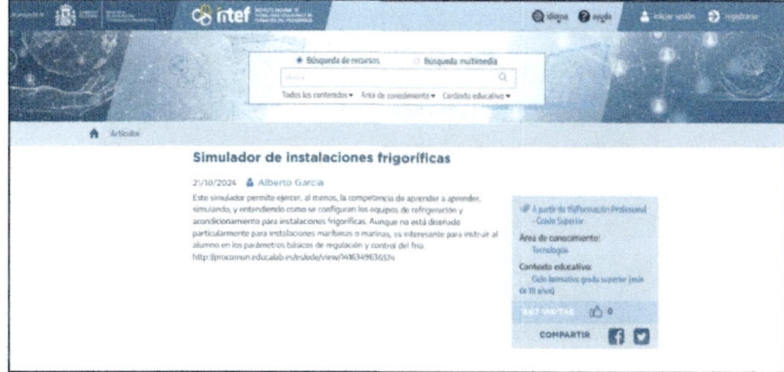

Ejemplo de simulador de instalaciones frigoríficas

4.3. Realidad aumentada: concepto, herramientas de diseño de RA

La realidad aumentada es un recurso tecnológico que ofrece **experiencias interactivas** al usuario a partir de la combinación entre la dimensión virtual y la física mediante el uso de tecnologías digitales, a través de dispositivos como webcams, tabletas, teléfonos móviles, etc.

Resumiendo esta definición, la realidad aumentada inserta objetos virtuales en el contexto físico y los muestra al usuario a través del interfaz del dispositivo.

Las características de la realidad aumentada son:

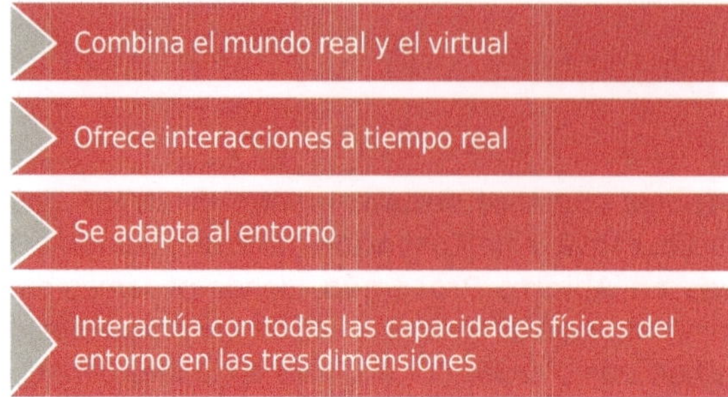

Algunas herramientas de realidad aumentada son las siguientes:

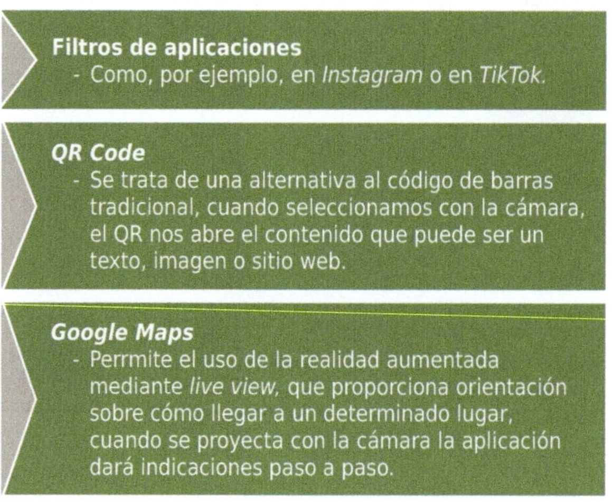

TAREA 9

Sara es profesora de un ciclo formativo de grado medio de Actividades Turísticas, en el último año ha empezado a desarrollar actividades con los chicos de su clase usando la técnica de realidad aumentada. Le gustaría realizar una visita por el centro de su ciudad y que el alumnado conociese de primera mano algunas de las actividades culturales más importantes. ¿Qué técnicas de realidad aumentada podría usar?

4.4. Realidad virtual: concepto, herramientas de diseño de entornos virtuales (RV) y dispositivos

Se trata de un entorno de escenas y objetos de apariencia real generado mediante tecnología informática que crea al usuario la sensación de estar inmerso en él. Dicho entorno se contempla a través de un dispositivo conocido como **gafas o casco de realidad virtual.**

Algunas de las herramientas de realidad virtual que se pueden encontrar son las siguientes:

- ***A-frame.*** Permite el desarrollo de aplicaciones de realidad virtual y facilita la creación de experiencias inmersivas, que servirán para su uso en diferentes dispositivos.
- ***Multi brush.*** Permite al usuario pintar en un espacio 3D sin lienzo en el aire y usando una gran variedad de pinceles, también permite la interacción con la creación realizada y compartirla como espacio a escala de realidad virtual o como GIF animado. También permite compartir la retransmisión de la obra por *Youtube* mientras se está creando.
- ***Masterpiece VR.*** Permite esculpir y pintar usando funciones intuitivas y dinámicas con las que se pueden construir fácilmente objetos tangibles, se trata de una aplicación multiusuario con los que permite hasta cuatro usuarios al mismo tiempo y 20 espectadores.
- ***Google blocks.*** Se trata de una aplicación gratuita que permite la creación de escenarios virtuales y modelos 3D mediante la manipulación de formas geométricas tridimensionales, para ser mostrados a una realidad virtual. Esta aplicación es muy fácil de usar.

Entre los dispositivos que se usan para la realidad virtual podremos encontrar gafas de realidad virtual, auriculares y/o cascos completos, así como guantes hápticos o mandos que nos permitirán disfrutar de experiencias totalmente inmersivas.

Continúa en página siguiente >>

<< Viene de página anterior

Gafas virtuales y mandos

5. Aplicación de herramientas y recursos digitales en la formación profesional

HILO CONDUCTOR

Con respecto a la aplicación de las herramientas y recursos digitales, llegados a este punto. Laura y su profesora han determinado la creación de un videotutorial de inicio para el curso de Secretariado de Dirección. Asimismo, diseñarán un guion básico para un simulador para poder realizar prácticas con el mismo.

Las herramientas y recursos digitales nos ayudarán en la creación y diseño de contenidos interactivos que promuevan en el alumnado de formación profesional una mayor motivación, así como una experiencia práctica que le acerque a la realidad de su futuro puesto de trabajo.

5.1. Presentación de un curso mediante vídeo

Para la presentación de los cursos o acciones didácticas podremos usar una herramienta de videotutorial, para su realización seguiremos los siguientes pasos:

- Elección del tema a desarrollar, en este caso, la presentación de la unidad o de la acción formativa.
- Descripción de los objetivos que se van a conseguir con la grabación del videotutorial.
- Definición de la estructura del videotutorial.
- Definición de los beneficios para el aprendizaje.

Una de las partes más importantes del videotutorial será la definición del guion que se va a seguir, además de estructurar qué se va a mostrar y qué se va a decir.

IMPORTANTE

En el guion se plasmará todo lo que se vaya a realizar durante la grabación y los principales puntos que se explicarán oralmente.

Las fases para el desarrollo de un videotutorial serán:

Guion	- Presentación y tema de saludos, descripción del objetivo didáctico, inclusión del contenido que se desea explicar y, posteriormente, un resumen breve de los explicado.
Grabación	- Existe multitud de *softwares* para grabar un videotutorial. Podremos usar, por ejemplo, *Canva*, para su realización.
Edición	- En la fase de edición se editará de forma digital el contenido del vídeo, es en este apartado donde podremos incluir el audio, otras imágenes o elementos interactivos.
Publicación	- Para publicarlo podremos hacerlo en *Youtube* o *Vimeo*, en nuestra web, blog o en nuestro *e-porfolio*.

Para el diseño de un guion básico para la realización de un simulador se tendrán en cuenta las siguientes fases:

- Determinación de la temática a trabajar o situación problemática.
- Determinación de las competencias o habilidades que se van a desarrollar con el uso del mismo.
- Identificación de las ventajas del uso del simulador.
- Determinación de las actividades que se van a realizar con el simulador.
- Para cada una de las actividades se establecerán los rangos de criterios que el alumnado puede seleccionar para dar unos posibles resultados.

Ejemplo de simulador para FP

6. Resumen

Las herramientas y recursos digitales son beneficiosas para la docencia de la formación profesional, ya que nos aportan una serie de ventajas, como las siguientes:

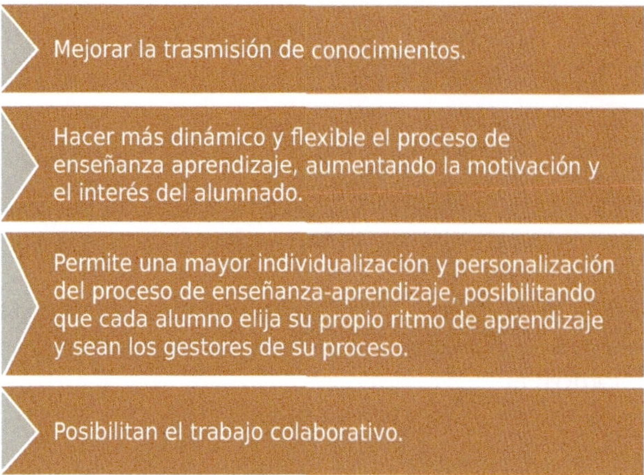

Los recursos y las herramientas se podrán clasificar del siguiente modo:

La gamificación se puede definir como la estrategia o metodología educativa que permite integrar y vincular al alumnado en su proceso de aprendizaje a través de la creación de espacios lúdicos. El juego se convierte en una estrategia metodológica para la mejora del proceso de enseñanza-aprendizaje.

Las ventajas que aporta la gamificación son:

Un simulador es un programa digital que trata de representar posibles situaciones de la vida real, poniendo a disposición de la persona usuaria las funcionalidades de un producto o técnica para probarlo por sí mismo. Esto va a permitir al estudiante cambiar algunos parámetros o variables de su entorno, ejecutar el modelo y analizar resultados, a semejanza de lo que ocurre en el entorno real.

Ejercicios de autoevaluación Unidad de Aprendizaje 5

1. ¿Cuál de las siguientes no es una ventaja de las herramientas y recursos digitales?

a. Mejoran la autonomía.
b. Facilitan el aprendizaje colaborativo.
c. Desarrollan la comunicación.
d. Fomentan la pasividad.

2. ¿Cuál de los siguientes no es un tipo de vídeo didáctico?

a. Curricular
b. Divulgación cultural
c. Documental
d. Vídeo de educación

3. ¿Cuál de los siguientes no es una funcionalidad de los vídeos didácticos?

a. Creación de videotutoriales.
b. Creación de píldoras formativas.
c. Realizar resúmenes de los textos.
d. Realizar actividades mediante vídeos interactivos.

4. Señala cuál de las siguientes no es una herramienta para la grabación y edición de los vídeos.

a. *Loom*
b. *Canva*
c. *Rowtoon*
d. *Wideo*

5. Indica cuál de los siguientes no es un elemento de los *storytelling*.

a. Mensaje
b. Historia
c. Ambiente
d. Personaje

6. **Determina si la siguiente oración es verdadera o falsa: "Los mapas conceptuales son una técnica pedagógica de síntesis o resumen de un tema o método de estudio. Se fundamenta en la esquematización visual de los conceptos clave que son relevantes para el tema en sí".**

   - Verdadero
   - Falso

7. **Cuál de las siguientes no es una herramienta para la creación de *brainstorming* digitales.**

   a. *Scapple*
   b. *Google Jamboard*
   c. *Mokka*
   d. *Miro*

8. **¿Cuál de las siguientes no es una característica de la gamificación?**

   a. Retroalimentación
   b. Motivación
   c. Aprendizaje significativo
   d. Aprendizaje por proyectos

9. **Determina si la siguiente oración es verdadera o falsa: "La gamificación se trata de una estrategia o metodología educativa que permite integrar y vincular al alumnado en su proceso de aprendizaje a través de la creación de espacios lúdicos".**

   - Verdadero
   - Falso

10. **¿Cuáles son las reglas que permiten que el juego pueda disfrutarse?**

   a. Las dinámicas
   b. Las mecánicas
   c. Las metas y objetivos
   d. Las recompensas

Unidad de aprendizaje 6

Evaluación *online* de competencias en formación profesional

Contenido

1. Introducción
2. Caracterización de la evaluación por competencias
3. Descripción de las herramientas para la evaluación de competencias
4. Especificaciones de las prácticas profesionales
5. Diseño de un sistema de evaluación de actividades de una acción formativa
6. Resumen

Objetivos

El objetivo general de esta Unidad de Aprendizaje es:

→ Evaluar por competencias y aplicar el proceso en el sistema de evaluación *online* de formación profesional a través de diferentes herramientas de evaluación, valorando la importancia de las prácticas profesionales en el desempeño laboral.

Los objetivos específicos de esta Unidad de Aprendizaje son:

→ Aplicar diferentes herramientas de diseño de rúbricas y de diseño de *e-porfolios*.

→ Determinar la herramienta de evaluación *online* más adecuada según el caso.

1. Introducción

El diseño de las acciones formativas va a concluir con el diseño, elaboración y puesta en práctica del proceso de evaluación.

La evaluación podrá realizarse en diferentes momentos a lo largo de todo el tiempo de desarrollo de la acción formativa, no obstante, deberá estar relacionada íntimamente con el desarrollo y adquisición de los objetivos de la acción formativa, en el caso que nos ocupa, la formación profesional se establecerá a modo de competencias.

Laura, para la acción formativa del módulo de Secretariado de Dirección, tendrá la posibilidad de diseñar, mediante el uso de diferentes herramientas digitales, las actividades y acciones para la evaluación del mismo.

2. Caracterización de la evaluación por competencias

HILO CONDUCTOR

Una parte fundamental del módulo formativo de Secretaria de Dirección que Laura está diseñando, junto con su profesora de prácticas, será la evaluación de dicha acción formativa, por lo que, llegados a este punto, tendrán que diseñar la evaluación por competencias de dicho módulo.

Las enseñanzas de los ciclos de formación profesional se encuentran directamente relacionadas con la adquisición por parte del alumnado de las competencias para desarrollar un puesto profesional específico, dichas enseñanzas se dirigen a mejorar la empleabilidad del alumnado.

La evaluación va a suponer el concepto que orienta el proceso de formación, ya que se determinará con ella la consecución o no de los objetivos propuestos y se determinará en qué grado el alumnado ha adquirido las competencias profesionales objeto de estudio. De esta manera, el proceso de evaluación podrá considerarse como aquella acción dirigida a lo siguiente:

- Optimizar el proceso de enseñanza-aprendizaje, de manera que no se podrá considerar adecuado si no se produce el aprendizaje.
- Evitar los efectos no deseados como el abandono o la desmotivación, o aprendizajes incompletos o insuficientes.

2.1. Definición de competencia y evaluación por competencias

Definimos **competencia profesional** como el conjunto completo de conocimientos, destrezas, actitudes y capacidades que posee una persona en el ámbito laboral, personal y académico.

Las **competencias laborales** son aquellas construcciones sociales de aprendizajes que son realmente significativos y útiles para el desempeño en una situación de trabajo real, estas competencias no solo se obtienen a través de los procesos de enseñanza aprendizaje, sino también mediante el aprendizaje en experiencias concretas de trabajo.

NOTA

Las competencias profesionales de una persona reflejan el conjunto de conocimientos y capacidades que le permiten el ejercicio de la actividad profesional conforme a las exigencias de la producción y el empleo.

Las competencias profesionales podrán alcanzarse a través de la formación o de la experiencia profesional. El conjunto significativo de unidades de competencias con significación para el empleo constituyen una **cualificación profesional.**

Se entiende que una persona está cualificada cuando en el desarrollo de su trabajo obtiene unos resultados que están al nivel de demanda del sistema productivo.

Las competencias se pueden clasificar en la siguiente tipología:

- **Competencias básicas.** Son aquellas competencias obtenidas por las personas en los niveles educativos básicos, tales como lectura, escritura, operaciones aritméticas, geometría básica, uso de los dispositivos TIC, comunicación oral, etc.
- **Competencias específicas.** Son aquellas que se obtienen en la especialización profesional.
- **Competencias esenciales.** Pueden estar referidas a la resolución de problemas, comunicación y actitud personal, uso del lenguaje, información tecnológica, etc.
- **Competencias genéricas.** Son aquellas que se adquieren en el período escolar y la práctica del trabajo, tales como la creatividad, capacidad para inferir nuevos aprendizajes a través de situaciones, toma de iniciativa, empatía, etc.
- **Competencias profesionales.** Son aquellas adquiridas en el ejercicio de la práctica profesional, son conseguidas cuando la persona tiene una evaluación positiva por parte de su entorno social o de su práctica profesional.
- **Competencias tácitas.** Son las adquiridas y ejercidas en la práctica del trabajo diario.
- **Competencias transversales.** Son las competencias comunes a diferentes actividades profesionales.

Las competencias que son significativas con respecto a la formación para el empleo se podrán dividir entre **competencias profesionales,** que serán las propias establecidas por el título de formación profesional en sí, las competencias relacionadas con la **empleabilidad,** las competencias de **cohesión social** y las **competencias básicas.** Se muestran en la siguiente imagen:

Competencias significativas en la formación para el empleo

Competencias profesionales

Competencias relacionadas con la empleabilidad

- Comunicación
- Trabajo en equipo
- Resolución de problemas
- Gestión del cambio
- Iniciativa
- Liderazgo
- Gestión de proyectos
- Autoaprendizaje

Competencias de cohesión social

- Responsabilidad
- Tolerancia
- Respeto
- Sinceridad
- Ciudadanía democrática

Competencias básicas

- Competencia en comunicación lingüística
- Competencia matemática
- Competencia en el conocimiento y la interacción en el mundo físico
- Tratamiento de la información y competencia digital
- Competencia social y ciudadana
- Competencia cultural y artística
- Competencia para aprender a aprender
- Autonomía e iniciativa personal

Fuente: www.educacionyfp.gob.es

En el caso que nos ocupa de la formación profesional, la evaluación de las competencias estará determinada en cada uno de los títulos formativos. Para lo que deberemos conocer el concepto de **cualificación profesional.**

DEFINICIÓN

Cualificación profesional

Describe un conjunto de estándares de competencia con significación para el empleo que pueden ser adquiridas mediante formación modular u otros tipos de formación y a través de la experiencia laboral (Real Decreto 1128/2003, de 5 de septiembre, por el que se regula el Catálogo Nacional de Cualificaciones Profesionales).

Cada una de las unidades de competencias se identifica mediante un formato estandarizado que incluye los datos de identificación (código, nivel y denominación), así como las especificaciones de esa competencia.

IMPORTANTE

Cada unidad de competencia se va a expresar como un conjunto de realizaciones profesionales que establecen aquellas habilidades y actitudes que son esperados de una persona en relación con su puesto de trabajo, y que deben ser observables y medibles y, por lo tanto, evaluables.

Dicha evaluación se podrá realizar comprobando el grado de adquisición de **los criterios de realización,** que indican el nivel aceptable de la realización profesional para el desempeño profesional en una organización productiva.

El conjunto de la competencia se va a desarrollar en un contexto profesional que va a describir los medios de producción, productos, resultados del trabajo, etc.

Por lo que las unidades de competencia profesional se encuentran expresadas en cada uno de los títulos del catálogo de cualificaciones profesionales del siguiente modo:

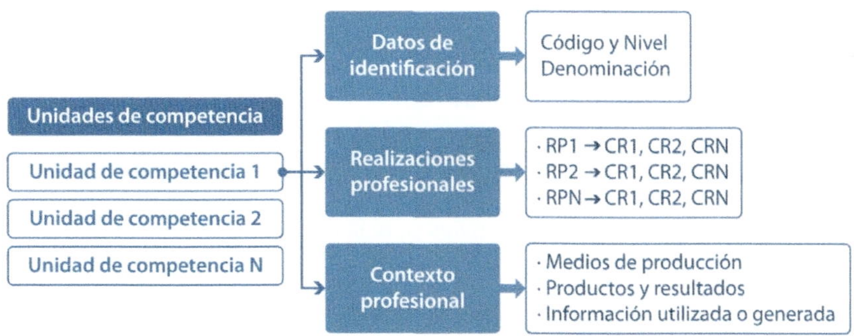

Estructura básica de una unidad de competencia

2.2. Definición de competencia y evaluación por competencias

Cada unidad de competencia estará asociada a un módulo formativo, donde se describe una referencia formativa necesaria para poder obtener esa unidad de competencia. Las especificaciones y referencias que se incluyen en los módulos formativos constituyen orientaciones para las ofertas formativas de los títulos de formación profesional y certificados de profesionalidad.

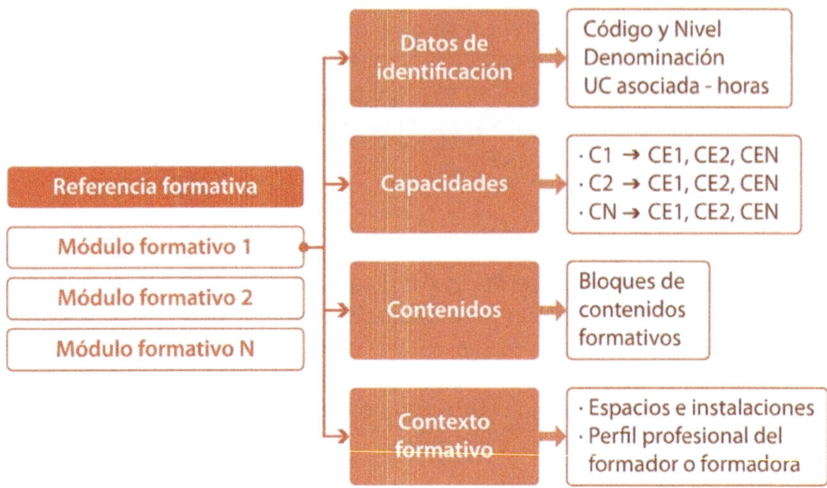

Estructura básica de un módulo formativo

2.3. Estrategias

La evaluación de las competencias profesionales tendrá un carácter sistemático y de rigor técnico, para lo que se deberán seguir las especificaciones de la evaluación y aplicar los métodos e instrumentos de evaluación que aporten fiabilidad y validez.

Algunas consideraciones previas para la evaluación:

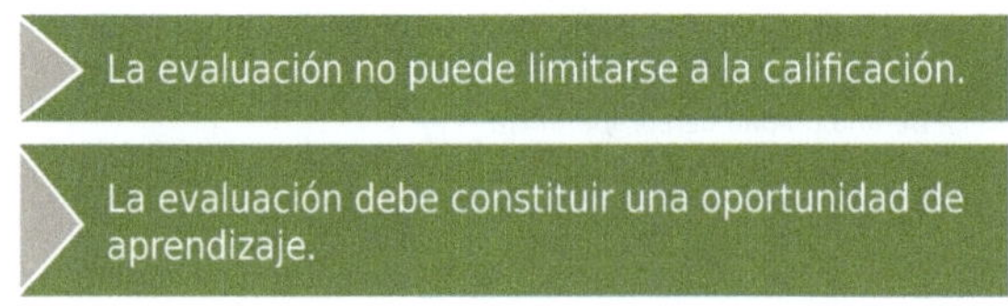

Continúa en página siguiente >>

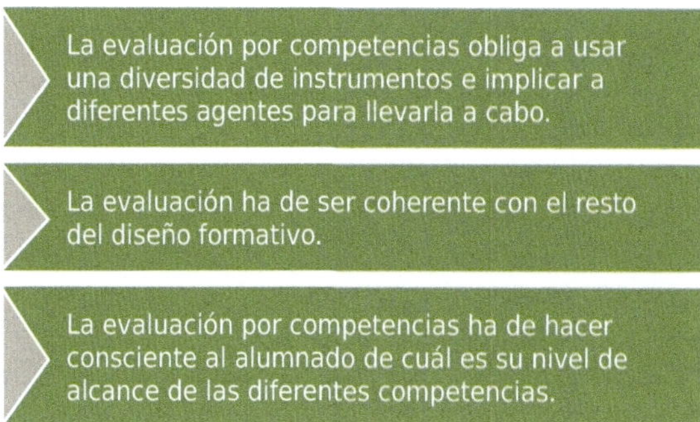

Aunque la evaluación de cada una de las acciones formativas debe contener especificidades y particularidades, para llevar a cabo la evaluación por competencias podremos considerar como normas generales las siguientes:

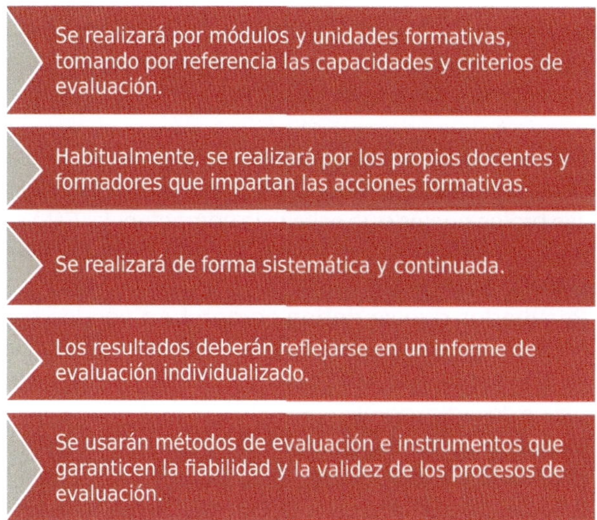

Para el diseño de las evaluaciones por competencias se seguirán los siguientes pasos:

- **Planificación de la evaluación.** Durante esta planificación se determinarán:

- Los objetivos específicos y resultados de aprendizaje (capacidades y criterios de evaluación) de cada unidad formativa, junto con los contenidos correspondientes.
- Las dimensiones cognitiva (conocimiento y comprensión), procedimental (aplicación, análisis, síntesis, evaluación) y actitudinal (cualidades implicadas en los procedimientos) están implicadas.
- El tipo de demostración o evidencia que se vaya a referir podrá ser:
  - **De conocimiento:** son los saberes necesarios para el desempeño de una tarea.
  - **De desempeño:** se trata del saber hacer, cómo se ejecuta un determinado proceso.
  - **De producto:** son los resultados obtenidos en el desempeño de una actividad, permite inferir el proceso o método usado.
- El método o instrumento de evaluación que se va a llevar a cabo. Para los conocimientos se podrán establecer pruebas escritas y orales, para el desempeño y producto se usarán pruebas prácticas.

- **Especificaciones de la evaluación.** Una vez analizada la información que incorpora un módulo formativo se concretarán los métodos o técnicas para llevar a cabo la evaluación.
  - **Evidencias de la competencia:** se trata de lo que se pide al alumno para que pruebe o demuestre que domina las habilidades o destrezas profesionales que solicita la competencia. Esto se puede demostrar por medio de conocimientos, destrezas o habilidades personales o sociales.
  - **Resultados que se deben comprobar:** pueden ser acciones, conductas o productos que se evaluarán para cada tipo de evidencias, en las que se pueden presentar diferentes niveles de concreción a través de indicadores.
  - **Indicadores de logro:** son las variables que revelan los atributos, cualidades, propiedades, condiciones, etc. que se comprobarán para cada resultado, si se logra o no. Sirven para precisar y objetivar los elementos que hay que evaluar. Para determinar los indicadores se tendrá en cuenta lo siguiente: deben ser significativos, para cada resultado se puede establecer uno o varios, han de referirse a todas las dimensiones de la competencia, han de estar expuestos de forma clara y precisa y no dar pie a interpretaciones subjetivas.
  - **Sistemas de valoración, escalas, ponderaciones y mínimo exigible:** implica definir las escalas de medida que permitirán comprobar el desempeño de cada uno de los indicadores y asignar el valor alcanzado en el mismo. Las ponderaciones se establecerán en el caso

en que no todos los indicadores tengan el mismo valor de cara al resultado final de la evaluación. El mínimo exigible se trata del valor mínimo que se ha de alcanzar para superar.

A modo de resumen y clasificación se podrán establecer diferentes tipos de métodos de evaluación, instrumentos y pruebas para realizar las evaluaciones atendiendo a la siguiente tabla:

Métodos Basados en:	**Tipos de instrumentos** Pueden simplificarse en:	**Indicación** Evaluación de:
Observación directa del desempeño	**Pruebas prácticas:** (ejecución/Producto)	Destrezas cognitivas y prácticas y habilidades vinculadas a la profesionalidad
Valoración de productos		
Simulación de situaciones		Conocimientos y destrezas cognitivas sencillas (conceptualización, asimilación)
Formulación de preguntas	**Pruebas escritas:** - Pruebas objetivas - Pruebas de ensayo - Breve - Extenso	Conocimientos y destrezas cognitivas más complejas (implicadas en los procedimientos)
Resolución de problemas		
Estudio de casos, incidentes críticos, etc.	**Pruebas verbales**	Indicación similar a las de las pruebas escritas, dependiendo del tipo de cuestiones

2.4. Evaluación *online*

Para la realización de las evaluaciones *online* vamos a determinar dos escenarios diferentes, por un lado, las evaluaciones realizadas de forma síncrona y, por otro, de forma asíncrona.

- **Evaluaciones síncronas.** Será necesario determinar la identidad de quién se examina y controlar su contexto para evitar filtraciones. Será importante determinar el tamaño del grupo para establecer cuál será la estrategia de evaluación, de esta manera, tendremos las siguientes opciones:

- Trabajos prácticos en grupo y defensa de los mismos mediante videoconferencia, para el caso de grupos de 2-4 personas.
- En un grupo de entre 5-15 estudiantes es recomendable la realización de un examen individual oral mediante videoconferencia.
- Grupos de 15-40 personas, aunque puede ser viable también la realización de un examen oral por videoconferencia, se pueden plantear otras opciones como un examen mediante plataforma y monitorizar mediante otro dispositivo el entorno de cada uno de los estudiantes.
- En el caso de grupos numerosos de más de 40 personas se podría proponer un examen mediante plataforma con el uso de otros elementos como *e-proctoring*.

- **Evaluaciones asíncronas.** Para este tipo de evaluaciones los estudiantes realizan las actividades en períodos más o menos amplios. Podremos evaluar lo siguiente:

  - **Evaluación de conocimientos:** podrían evaluarse, por ejemplo, mediante cuestionarios de evaluación creados en la propia plataforma. También se les pueden solicitar la realización de exámenes o pruebas *offline* que se envían a los estudiantes, como archivos o aplicaciones, que pueden ser resueltos *offline* y devueltos a la plataforma para su evaluación.
  - **Evaluación de tareas:** se puede evaluar la entrega de las tareas para lo que se recomienda la definición de escalas o rúbricas que se compartan con anterioridad al alumnado. Esto también se puede realizar mediante la revisión por pares anónimos (se trata de una herramienta que facilitan algunas plataformas). También puede ser útil como herramienta la evaluación de la participación en los foros de la asignatura.

Algunas de las herramientas disponibles para la evaluación por competencias en las plataformas *online* son:

Evaluación por competencias en la plataforma Moodle

La mayoría de las plataformas tendrán sistemas de ***e-proctoring*** integrados, los requisitos que tienen estos sistemas son:

1. Detección de la suplantación inicial mediante un análisis biométrico.
2. Bloqueo del navegador de quien hace el examen.
3. Detección de elementos diferentes a los necesarios para la realización de un examen.
4. Detección de otras personas distintas a quien se examina.
5. Detección de alteraciones de audio.
6. Garantías de continuidad del servicio aún con caídas de conectividad durante el examen.
7. Inclusión de visión 360.
8. Autonomía del sistema sin necesidad de revisión humana.
9. Obtención de evidencias de la realización del examen.
10. Realización de informe de incidencias.
11. Cumplimiento del marco legal sobre protección de datos.

TAREA 10

Pedro es profesor de un ciclo formativo *online* de Industrias alimentarias, en su clase tiene un total de 25 alumnos y se dispone a realizar una prueba evaluativa de conocimientos de la última unidad de competencia, correspondiente al módulo de Técnico en Elaboración de Productos Alimenticios, en concreto, es Descripción de los aditivos y coadyuvantes utilizados en la industria alimentaria. Determina cómo podría Pedro realizar la prueba de evaluación.

3. Descripción de las herramientas para la evaluación de competencias

HILO CONDUCTOR

Para la evaluación del módulo de Secretariado de Dirección que la empresa EDUCAM va a poner en marcha en formato digital, Laura tendrá que establecer el diseño de la evaluación, pero será imprescindible conocer el concepto de evaluación por competencias.

Los medios digitales nos van a permitir implementar una serie de técnicas para evaluar las competencias cuya realización resulta más sencilla en formato digital que en los formatos tradicionales, estos van a ser, por ejemplo, la creación de rúbricas y escalas, la evaluación por pares, los *e-porfolios* y los simuladores, si bien van a existir una serie de programas específicos para su desarrollo y cada una de estas técnicas tendrá unos objetivos de evaluación específicos.

3.1. Rúbricas y escalas. Herramientas digitales

Una **escala de estimación** es un listado de descripciones o rasgos que se deben tener presentes para evaluar un producto o una actuación. Al lado de cada uno de los enunciados descriptivos aparecen una serie de niveles, grados o escalones que presenta el objeto o la actuación observada.

EJEMPLO

Para el perfil de mecánico industrial se utiliza una escala de calificación para los criterios de la unidad de competencia: "Coordinar su trabajo con clientes internos, proveedores de servicios y equipo de mantenimiento."

	1	2	3	4	5	6	7
Mantener relaciones efectivas con sus clientes internos, proveedores de servicios y equipos de mantenimiento.							
Transfiere información y conocimientos básicos referidos a equipos y buenas prácticas a clientes internos y proveedores de servicios.							
Informa adecuada y oportunamente a sus clientes internos sobre demoras y solución de problemas y cambios que se dieron en la ejecución de las tareas, según procedimientos de cada empresa.							

Una **rúbrica** es un cuadro de doble entrada en el que aparecen descritos los diferentes niveles de ejecución en los diferentes niveles de desempeño. Este instrumento tiene como propósito guiar la observación y procurar la máxima objetividad en la evaluación de las actuaciones, es muy útil a la hora de evaluar las competencias actitudinales.

Las rúbricas poseen los siguientes **elementos:**

Criterios de realización

- Enunciados a partir de los que se pueden evaluar criterios cualitativos. Cada variable se presenta en dos o más modalidades ordenadas que se toman de los estándares de competencia.

Continúa en página siguiente >>

<< Viene de página anterior

Niveles dentro de cada criterio

- Son los diferentes modos posibles de presentar el producto o la conducta respecto a un criterio, será fundamental definir a partir de qué numeración la persona será componente.

Descripciones de cada nivel

- Descripciones de los rasgos distintivos de cada grado de dominio, indica en qué nivel o grado puede ser clasificado.

Criterios	Niveles				
A	1	2	3	4	5
B	1	2	3	4	5
C	1	2	3	4	5
D	1	2	3	4	5
E	1	2	3	4	5

	Criterios				
Niveles	1	1	1	1	1
	2	2	2	2	2
	3	3	3	3	3
	4	4	4	4	4
	5	5	5	5	5

Ejemplo de estructura de las rúbricas

Siempre con base en el perfil de Mecánico Industrial, se presenta un ejemplo de rúbrica referido a la reparación de fallas.

Criterios	Por encima del nivel esperado	En el nivel esperado	Por debajo del nivel esperado
Resolver y reparar fallas en tiempo y forma según los estándares definidos.	Repara más de cuatro clases de máquinas.	Repara tres clases de máquinas de complejidad media.	Repara menos de tres clases de máquinas simples.
Contribuir al diagnóstico y solución de fallas en conjunto con el equipo.	Puede explicar clara y detalladamente cómo funciona y realiza sugerencias de solución.	Puede explicar generalmente cómo funciona e identifica el tipo de falla.	Difícilmente explica cómo funciona y no identifica las fallas.

Ejemplo de rúbrica para el módulo formativo de Mecánica Industrial

Para la realización de escalas y rúbricas digitales se pueden usar herramientas como las siguientes:

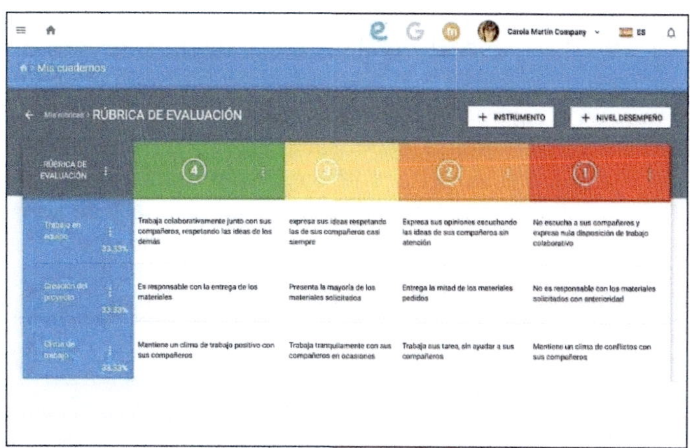

RÚBRICA DE EVALUACIÓN	4	3	2	1
Trabajo en equipo 33.33%	Trabaja colaborativamente junto con sus compañeros, respetando las ideas de los demás	expresa sus ideas respetando las de sus compañeros casi siempre	Expresa sus opiniones escuchando las ideas de sus compañeros sin atención	No escucha a sus compañeros y expresa nula disposición de trabajo colaborativo
Creación del proyecto 33.33%	Es responsable con la entrega de los materiales	Presenta la mayoría de los materiales solicitados	Entrega la mitad de los materiales pedidos	No es responsable con los materiales solicitados con anterioridad
Clima de trabajo 33.33%	Mantiene un clima de trabajo positivo con sus compañeros	Trabaja tranquilamente con sus compañeros en ocasiones	Trabaja sus tareas, sin ayudar a sus compañeros	Mantiene un clima de conflictos con sus compañeros

Ejemplo de rúbrica de evaluación creada con herramientas digitales

3.2. Evaluación por pares. Beneficios

En el sistema de **evaluación por pares** son los propios estudiantes los que se evalúan entre ellos.

DEFINICIÓN

Evaluación por pares
Procedimiento para que los estudiantes ponderen e identifiquen el nivel, valor o calidad de un producto o desempeño de otros estudiantes de su mismo nivel.

Este tipo de evaluación suele usarse para evaluar escritos, presentaciones orales, cuadernos de trabajo, pruebas de rendimiento, etc.

Las **ventajas** que aporta la evaluación por pares son las siguientes:

1. Ayuda al alumnado a planificar su aprendizaje, identificar fortalezas y debilidades, seleccionar áreas de acción correctiva y desarrollar habilidades personales.
2. Proporciona retroalimentación en el aprendizaje que está disponible en mayor cantidad y más inmediata que la proporcionada por el profesor.
3. Agudiza el aprendizaje de contenidos y proporciona la posibilidad a los estudiantes de que aprendan procesos metacognitivos de supervisión.
4. Favorece la autonomía del alumnado y ayuda a desarrollar la capacidad crítica.
5. Fomenta el compromiso del alumnado con el proceso educativo.
6. Motiva e incrementa la responsabilidad con el aprendizaje.
7. Facilita información al docente sobre su propio aprendizaje.
8. Proporciona estrategias de desarrollo profesional y personal.
9. Genera una mayor motivación a la hora de realizar los trabajos.

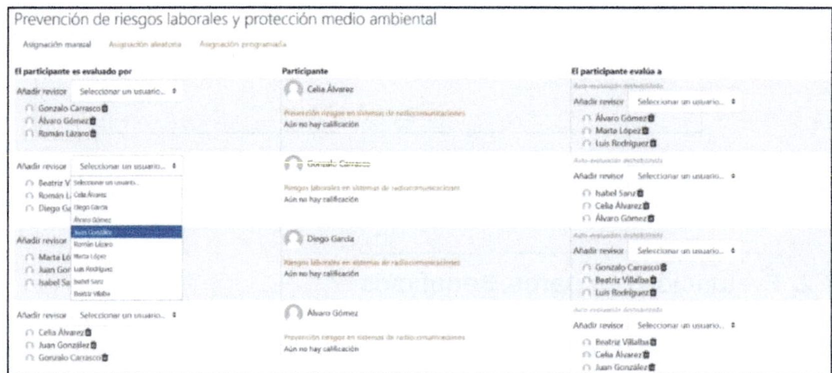

Evaluación por pares en Moodle

3.3. *E-portfolios*. Definición y herramientas digitales

El **porfolio** es el conjunto de documentos que se constituyen en evidencias de los conocimientos, habilidades y competencias. Aplicado a la evaluación para la certificación de competencias, corresponde al instrumento que reúne las evidencias que comprueban o respaldan el desempeño de una persona respecto del estándar de competencias en el que ha sido evaluada.

En el caso de los *e-porfolios,* esta carpeta será creada con una herramienta digital, para lo que existen distintas opciones en el mercado como las siguientes:

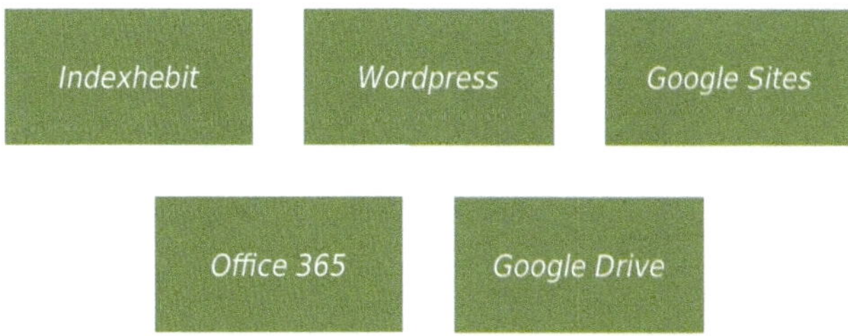

Para la creación del *e-porfolio* como instrumento de evaluación, la creación de la carpeta deberá estar gestionada de acuerdo con determinados procedimientos de manejo de la información y accesibilidad.

Para elaborar un *e-porfolio* de evidencias se tendrán que tener en consideración los siguientes aspectos:

- **Recolección.** Capacidad para recogida de materiales, muestras de trabajos, instrumentos de evaluación.
- **Organización.** Los documentos deben estar archivados de forma organizada, debe contener carta de presentación.
- **Revisión.** Listado de los elementos, revisión del progreso y asegurar la relevancia y calidad del contenido.

NOTA

Las evidencias pueden presentarse según los siguientes criterios:

- Cronológicos
- Ámbito de desempeño
- Por competencias

3.4. Simulación de situaciones reales, virtuales y simulaciones físicas

Las simulaciones son usadas para medir el desempeño en situaciones de trabajo que implican riesgos o que no se dan habitualmente en el trabajo cotidiano y son difíciles de prever, como es el caso de las competencias vinculadas a la resolución de problemas.

La recreación de simulaciones implica una movilización de recursos complementarios, son una fuente de evidencia directa que permite evaluar aquellos aspectos del estándar de competencias que no han podido ser observados directamente, por diferentes motivos:

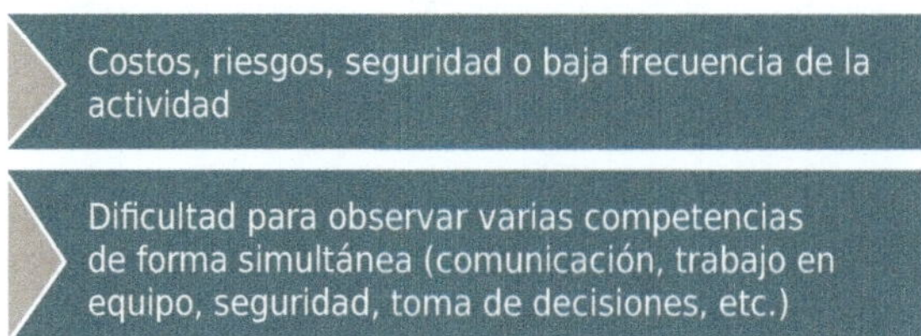

Los medios usados para simular situaciones son los siguientes:

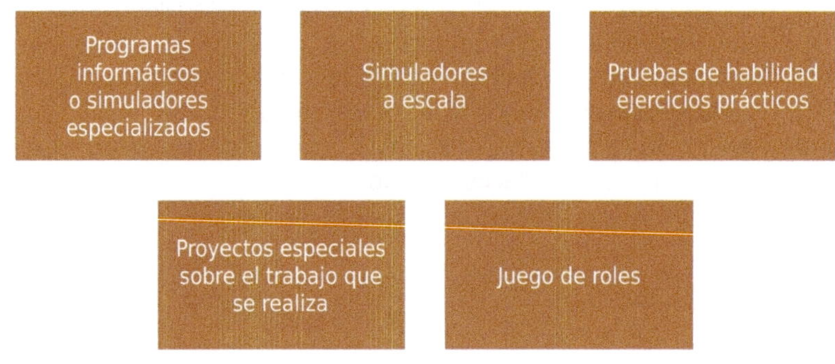

PARA SABER MÁS

El Instituto Nacional de Tecnologías Educativas y de Formación del Profesorado pone a disposición a través de *Procomún* una serie de simuladores educativos, puedes acceder a ellos desde aquí:

https://redirectoronline.com/ssce310601

Otro tipo de simuladores pueden ser los siguientes:

- **Resolución de problemas.** La resolución de problemas pone en juego el conjunto de las variables que integra una unidad de competencia. Para la resolución, un sujeto debe analizar de forma integral los componentes del problema, identificar los principios y normas que rigen su resolución y, por último, resolver la causa del problema o derivarlos a quien corresponda para su resolución.
- **Estudio de casos.** En los estudios de casos se plantea una situación ficticia, un problema o se describe una situación. El alumnado estudia el caso, realizan un análisis del mismo, intentan encontrar las soluciones adecuadas y, después de la preparación, tiene lugar una discusión entre los miembros del grupo que exponen sus opiniones, desde un punto de vista "experto".
- **Ensayos.** Mediante los simuladores se practica con situaciones reales donde el alumnado va a aprender a gestionar la toma de decisiones. Dentro de la página del INTEF existen, en la actualidad, simuladores que permiten diferentes tipos de ensayos en nueve familias profesionales:

    - Artes gráficas
    - Edificación y obra civil
    - Fabricación mecánica
    - Hostelería y turismo
    - Industrias alimentarias
    - Madera, mueble y corcho
    - Mantenimiento y servicios a la producción
    - Sanidad
    - Servicios socioculturales y a la comunidad

PARA SABER MÁS

Para conocer el funcionamiento de un simulador de ensayos para formación profesional accediendo desde aquí:.

https://redirectoronline.com/ssce310602

APLICACIÓN PRÁCTICA

Marcelo es profesor de un módulo de sanidad de técnico en emergencias sanitarias, debe evaluar *online* a sus alumnos sobre reanimación cardiopulmonar, ¿qué tipo de competencia supone? ¿Qué posibilidades tiene para realizar la evaluación?

Solución

Al tratarse de una competencia procedimental, habrá que evaluar de forma práctica. Dado la dificultad de encontrar una situación real y ponerla a prueba, lo ideal es realizar una simulación, la cual se podrá realizar mediante el planteamiento de un problema o un estudio de caso, pero también existe la posibilidad de usar un simulador informático, para poner en práctica la reanimación.

4. Especificaciones de las prácticas profesionales

HILO CONDUCTOR

Laura ya casi ha completado el módulo formativo para la empresa EDUCAM de Secretariado de Dirección, en colaboración con su profesora de prácticas, no obstante, siendo ella misma alumna en prácticas de un ciclo de formación profesional está muy interesada en poder ofrecer al alumnado que acceda a la acción formativa una experiencia práctica similar a la suya, pero de su área específica, para lo que evaluará los diferentes aspectos relacionados con las prácticas para comprobar su idoneidad y así incluirlas como módulo de la acción formativa.

Las prácticas profesionales se van a desarrollar tanto en los ciclos profesionales de grado básico, como de grado medio y superior y tienen la misma estructura que un módulo de los que componen los ciclos formativos de FP.

Dentro de las prácticas en las empresas, las actividades que se van a realizar serán las propias del perfil del título de FP que se esté cursando y estarán incluidas dentro del programa formativo. Para la realización de las prácticas, el alumnado contará con un tutor dentro del centro o empresa, que será además la persona encargada de realizar la evaluación de las prácticas.

IMPORTANTE

Las prácticas en empresas se desarrollarán en horario lectivo en el centro de trabajo, la calendarización de las mismas correrá a cargo de los dos tutores del alumno, el del centro de trabajo y el tutor del centro educativo. La duración en la jornada laboral deberá ser igual o cercana al horario laboral de la empresa y se realizarán reuniones de seguimiento periódicas.

La finalidad con la que se realizarán las prácticas educativas en los centros de trabajo es la siguiente:

- Completar la adquisición de las competencias profesionales previstas en el ciclo formativo que se esté cursando.
- Adquirir conocimientos de la organización productiva.
- Contribuir al logro de las finalidades generales de la FP relacionadas con la integración en entornos de trabajo.
- Evaluar las competencias profesionales del alumnado, especialmente aquellas que no pueden comprobarse en los centros educativos.

4.1. Ventajas para el alumnado y la empresa

Las prácticas profesionales van a suponer una serie de ventajas en el aprendizaje de las competencias profesionales por parte del alumnado. Son las siguientes:

- **Motivación y compromiso.** Aumento de la motivación y del compromiso con el proceso de aprendizaje, ampliando el rendimiento y con una actitud más positiva hacia el trabajo.
- **Valoración del trabajo.** Ya que va a permitir al alumnado ser parte del equipo de trabajo, lo que va a favorecer su desarrollo profesional.
- **Aprendizaje integral.** Promueven el aprendizaje integral, ofreciendo una experiencia más completa y enriquecedora, permitiendo al alumnado enfrentarse a los desafíos reales del mundo laboral y el desarrollo de habilidades que les serán de utilidad en su futura carrera profesional.
- **Red de contactos.** Posibilitan la creación de una red de contactos, pudiendo abrir puertas de cara a futuras oportunidades laborales.

PARA SABER MÁS

Para conocer más sobre las prácticas profesionales de formación profesional o la formación en centros de trabajo puedes acceder desde aquí:

https://redirectoronline.com/ssce310604

Además de para el alumnado, las prácticas profesionales en las empresas también van a posibilitar una serie de ventajas para las empresas:

1. Suponen una excelente forma de captar nuevos talentos.
2. Muchos de los alumnos pueden convertirse en empleados y sus habilidades y experiencias pueden ayudar a la empresa en el futuro.
3. Las empresas pueden ampliar su reserva de talentos al tener acceso a más candidatos y comprobar su desempeño profesional.
4. Aumento de la productividad, las empresas podrán beneficiarse de las habilidades del alumnado en el desempeño profesional.
5. Aumento de la innovación, el proceso de generación de ideas en las empresas puede beneficiarse y resultar más colaborativo e innovador.

6. Desarrollo de futura mano de obra, fomenta la cultura en la que se anima a los empleados a asumir funciones de liderazgo y ser mentores de otros empleados, abre puertas a nuevas posibilidades de inserción laboral y de promoción.

4.2. Valor de las prácticas en el desempeño laboral

Con la realización de las prácticas profesionales en las empresas del sector, el alumnado puede comprobar de primera mano lo que supone el trabajo diario en una empresa para desarrollar las habilidades y competencias para las que se está formando. Asimismo, formará parte del ambiente laboral y podrá interactuar con los profesionales que están inmersos en él.

Los alumnos podrán formarse en las competencias clave que son demandadas en su campo profesional, a través de las diferentes tareas que podrán realizar en las prácticas y les permitirá adquirir experiencia que les abrirá muchas puertas en su futuro profesional.

PARA SABER MÁS

Además de las prácticas que se pueden realizar en las diferentes empresas del mercado español, también existen para formación profesional el programa de prácticas **Erasmus + Formación profesional,** con las que los estudiantes podrán formarse en diferentes países de la Unión Europea. Puedes consultar dicho programa accediendo desde aquí:

https://redirectoronline.com/ssce310604

Según estudios del Servicio Público de Empleo Estatal, los objetivos para 2030 son que las empresas necesiten hasta un 65 % de profesionales con estudios relacionados con la FP.

ACTIVIDAD COMPLEMENTARIA

11. Lucía es alumna de prácticas y hoy comienza su formación en el centro de trabajo, ha estudiado un módulo formativo de hostelería, en concreto, Técnico en Cocina y Gastronomía, sus prácticas van a estar en un hotel de la costa, de 5 estrellas, su horario es de lunes a viernes de 10 de la mañana a 17 horas de la tarde. ¿Crees que su horario es correcto para estar de prácticas?

5. Diseño de un sistema de evaluación de actividades de una acción formativa

HILO CONDUCTOR

Tras conocer las ventajas de las prácticas profesionales, la acción formativa de Secretariado de Dirección está prácticamente completa en su diseño, para finalizar sus prácticas, Laura deberá implementar un sistema de evaluación para dicha acción formativa, para lo que deberá tener en cuenta lo siguiente.

Para el diseño de un sistema de evaluación de las actividades en una acción formativa, se deberán tomar las decisiones en la elección del mismo, a modo de resumen, podemos establecer la siguiente tabla.

Planificación de la evaluación	**Objetivos y resultados del aprendizaje**	**Capacidades y criterios de evaluación, contenidos de la unidad formativa**
	Dimensión a evaluar	Procedimental y actitudinal
	Tipo de evidencia	De conocimiento, de desempeño o de producto
	Método o instrumento de evaluación	Pruebas escritas, pruebas orales, pruebas prácticas
Especificaciones de la evaluación	Evidencias de la competencia	Habilidades o destrezas profesionales que solicita la competencia
	Resultados que se van a comprobar	Acciones, conductas o productos (indicadores)
	Indicadores de logro	Atributos, cualidades, propiedades, condiciones
	Sistemas de valoración	Escalas, ponderaciones, mínimo exigible
Métodos e instrumentos de evaluación	Métodos o instrumentos	Escalas y rúbricas, evaluación por pares, simulaciones, etc.

Para la realización de una rúbrica de una actividad formativa deberemos seguir los siguientes pasos:

1. Determinar la situación que queremos evaluar con la rúbrica.
2. Determinar qué aspectos de la actividad vamos a evaluar.
3. Definir la escala con las que vamos a evaluar, por ejemplo, de 0 a 3.
4. Generar una serie de descriptores con los que vamos a evaluar los aspectos técnicos.
5. Revisar si tiene coherencia la matriz de la rúbrica.
6. Probar todas las herramientas antes de ser aplicadas en situaciones de aprendizaje reales, para comprobar los posibles fallos o confusiones que pueden suscitar.

RÚBRICA DE EVALUACIÓN

Nombre del equipo:

ASPECTOS	**4 puntos**	**3 puntos**	**2 puntos**	**1 punto**	**0 puntos**
Descripción del proyecto de negocio	La descripción es breve y clara. Destacan los aspectos más relevantes del proyecto	La descripción ese breve y clara. Destacan algunos de los aspectos más relevantes del proyecto.	La descripción es correcta. No destacan los aspectos más relevantes del proyecto. Se da una idea muy general del mismo.	La descripción es confusa. No destacan os aspectos más relevantes del proyectos. Este se entiende con dificultad, dando una idea incompleta de mismo.	La descripción es confusa. No destacan los aspectos más relevantes del proyecto. No se entiende el proyecto.
Habilidades comunicativas	Utilizan un vocabulario profesional y variado. Destaca el uso de metáforas y de figuras retóricas que captan la atención. El lenguaje verbal acompaña y aporta dinamismo y ritmo al discurso.	Utilizan un vocabulario profesional y variado. El lenguaje verbal acompaña y aporta dinamismo y ritmo al discurso.	Utilizan un vocabulario limitado. El lenguaje verbal acompaña y aporta dinamismo y ritmo al discurso.	Utilizan un vocabulario limitado. El lenguaje verbal no aporta dinamismo, se les nota tensos y la postura es estática.	Utilizan un vocabulario demasiado coloquial e inadecuado. El discurso es aburrido y no hay dinamismo. N captan la atención del público.
Tiempo y organización de los oradores			Se ajustan al tiempo establecido, las intervenciones de los oradores están perfectamente coordinadas y la presentación está organizada.	Se ajustan al tiempo establecido, las intervenciones de los oradores están descoordinadas y en ocasiones se pierde el hilo argumental.	No se ajustan a tiempo establecido, y los oradores están descoordinados, perdiendo el hilo argumental en cada cambio. Sus intervenciones están desorganizadas.

Ejemplos de rúbricas de actividades

RÚBRICA DE EVALUACIÓN DEL PORFOLIO

Nombre del equipo:

ASPECTOS	3 puntos	2 puntos	1 punto	0 puntos
Contenido	Incluye todas las tareas realizadas durante el reto de manera completa y además completa con informaciones adicionales o bien desarrolla de manera exhaustiva cada apartado	Incluye todas las tareas realizadas durante el reto de manera completa y adecuada	No incluye todas las tareas realizadas durante el reto (faltan una o dos)	No incluye todas las tareas ni responde a las cuestiones planteadas para el reto
Creatividad / Innovación		La solución propuesta por los alumnos es novedosa y aporta aspectos creativos	La solución es positiva y aporta algunos aspectos innovadores, si bien otros son previsibles	La solución aportada al reto es poco creativa, copiada del manual
Presentación oral	Los alumnos presentan de manera ágil los resultados del proyecto. Se lo saben y saben trasmitirlo. Expresión, ritmo y tono adecuado	Los alumnos presentan de manera adecuada de trabajo realizado, pero les falta agilidad en la comunicación e interactuar mejor con el público	Los alumnos no saben comunicar de manera adecuada la idea, miran los apuntes, se traban. No hay fallo s graves de contenido	Los alumnos no presentan de forma adecuada los contenidos de su reto. Hay fallos de contenido y forma.
Documentación y recursos generados		La actividad se presenta en el formato requerido (documento de *Drive* o carpeta en papel), y presenta los contenidos de manera adecuada. La presentación es original, creativa y muy cuidada, con recursos elaborados para la misma	La actividad se presenta en el formato requerido (documento de *Drive* o carpeta en papel), y presenta los contenidos de forma estructurada y con el orden adecuado. No se elaboran recursos adecuados para la presentación	El reto no se presenta en el formato requerido (documento de *Drive* o carpeta en papel). No presenta los contenidos estructurados de forma coherente. No se establecen márgenes y/o no se justifican los párrafos. Hay 3 o más errores ortográficos. No hay recursos imágenes, vídeos.

Ejemplos de rúbricas de actividades

PARA SABER MÁS

Puedes conocer más sobre diferentes tipos y modelos de rúbricas accediendo desde aquí:

https://redirectoronline.com/ssce310605

6. Resumen

La evaluación de los procesos formativos estará dirigida a lo siguiente:

- Optimización del proceso de enseñanza-aprendizaje, de manera que no se podrá considerar adecuado, si no se produce el aprendizaje.
- Evitar los efectos no deseados, como el abandono o la desmotivación, o aprendizajes incompletos o insuficientes.

Las competencias profesionales reflejan el conjunto de conocimientos y capacidades que le permiten el ejercicio de la actividad profesional conforme a las exigencias de la producción y el empleo.

Las unidades de competencia en los módulos de formación profesional tienen la siguiente estructura:

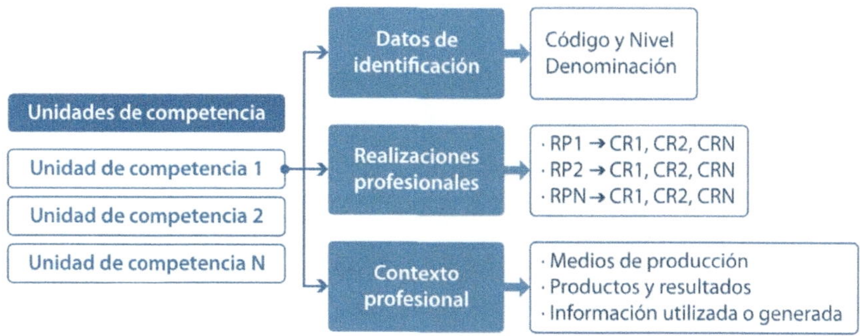

Los módulos profesionales definidos para cada una de las familias profesionales de la FP tendrán la siguiente estructura:

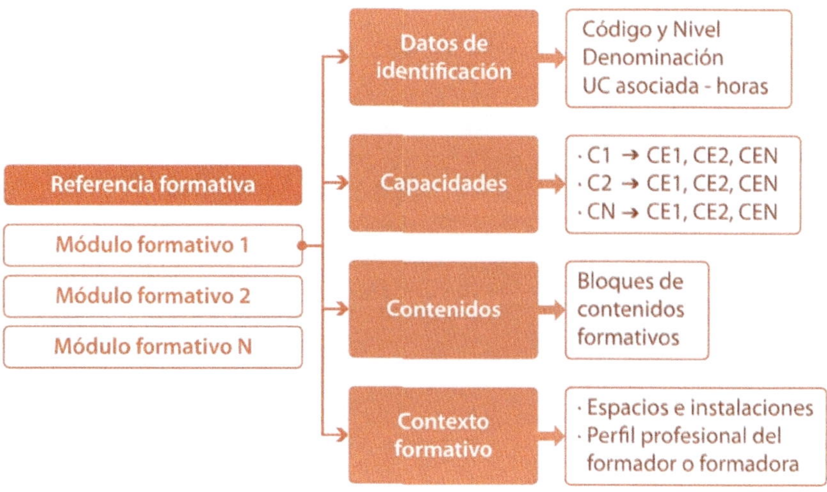

Las estrategias aplicables a la evaluación de las competencias profesionales serán:

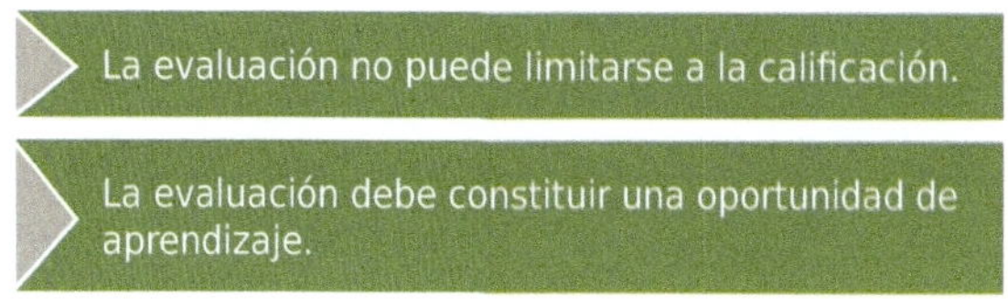

Continúa en página siguiente >>

<< *Viene de página anterior*

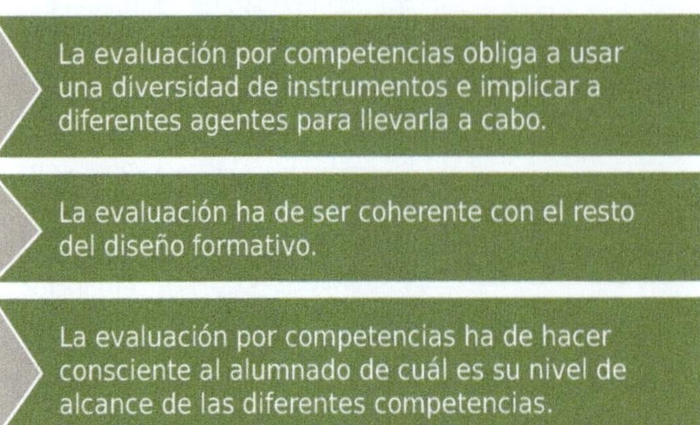

Los pasos a seguir para el diseño de las acciones de evaluación por competencias serán:

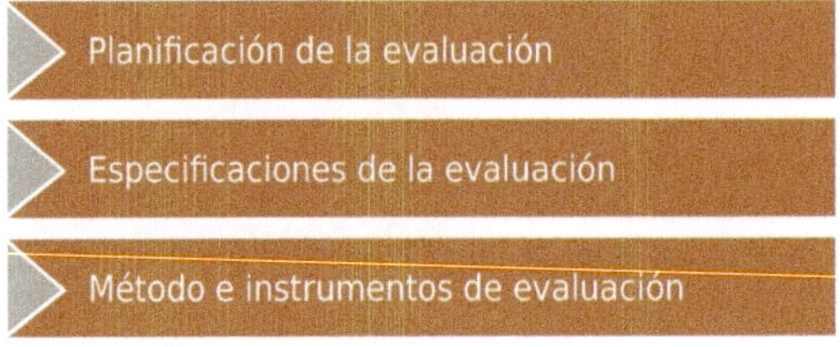

Ejercicios de autoevaluación
Unidad de Aprendizaje 6

1. ¿Cuál de los grados de Formación Profesional es necesario mejorar según el Informe de Tendencias del Mercado de Trabajo?

a. Grado Medio
b. Grado Básico
c. Grado Superior
d. No es necesario según este informe la mejora en los grados de FP

2. ¿Cuál de los siguientes no es un tipo de competencia?

a. Básicas
b. Específicas
c. Especiales
d. Genéricas

3. Las unidades de competencia se estructuran en...

a. ... datos de identificación-realizaciones profesionales y contexto profesional.
b. ... datos de identificación y contexto profesional.
c. ... datos de identificación-experiencias profesionales y contexto educativo.
d. ... contexto educativo y contexto profesional.

4. Señala cuáles de las opciones siguientes forman parte de la estructura de un módulo formativo.

a. Capacidades
b. Contenidos
c. Contexto formativo
d. Experiencias prácticas

5. La primera fase en la realización de la evaluación es:

a. Planificación de la evaluación
b. Especificaciones de la evaluación

c. Método e instrumentos de evaluación
d. Todas las opciones son incorrectas.

6. Determina si la siguiente oración es verdadera o falsa: "Para la realización de las evaluaciones *online* vamos a determinar dos escenarios diferentes, por un lado, las evaluaciones realizadas de forma presencial y *online*".

- Verdadero
- Falso

7. ¿Cuál de las siguientes no es una herramienta disponible para la evaluación por competencias en las plataformas?

a. Cuestionarios de evaluación
b. Tareas entregables
c. Foros de debate
d. Chat

8. ¿Cuál de las siguientes no es un requisito para los *e-proctoring?*

a. Detección de la suplantación inicial mediante un análisis biométrico.
b. Bloqueo del navegador de quien hace el examen.
c. Retroalimentación.
d. Detección de elementos diferentes a los necesarios para la realización de un examen.

9. Determina si la siguiente oración es verdadera o falsa: "Las escalas de calificación se tratan de un cuadro de doble entrada en el que aparecen descritos los diferentes niveles de ejecución en los distintos niveles de desempeño".

- Verdadero
- Falso

10. ¿Cuál de las siguientes no es una herramienta para la creación de *e-porfolios?*

a. *Wordpress*
b. *Google Sites*
c. *Word*
d. *Office 365*

Bibliografía

Monografías

→ CABERO Almenara, J. y ROMÁN Gravan, P.: *E-actividades: un referente básico para la formación en Internet*. Madrid: MAD, 2006.

Lectura para conocer la forma de realizar, desde la perspectiva pedagógica, actividades en formato digital.

→ JOHNSON, D. W., JOHNSON, R. T. y SMITH, K. A.: 2000, *Active Learning: Cooperation in the College Classroom*. Edina: Interaction Book, 2000.

Lectura para reconocer las metodologías activas del aprendizaje.

Textos electrónicos, bases de datos y programas informáticos

→ Consuelo Belloch. Unidad tecnológica educativa Universidad de Valencia. Diseño Instruccional, de: <https://www.uv.es/bellochc/pedagogia/EVA4.pdf>.

Documento que se realiza un análisis exhaustivo sobre el diseño instruccional y su importancia para el aprendizaje.

→ Estrategias de aprendizaje y e-learning. Un apunte para la fundamentación del diseño educativo en los entornos virtuales de aprendizaje. RED. Revista de Educación a Distancia, 50, Art. 11. 30-Sep- <https://revistas.um.es/red/article/view/271261>.2016, Zapata Ros, M. Universidad de Murcia, de:

En este artículo se abordan las estrategias y estilos de aprendizaje, así como el concepto de metacognición. Se plantea desde el punto de vista de si pueden servir para fundamentar el diseño educativo en actividades de *e-learning* y en entornos virtuales de aprendizaje (EVA).

- Marco europeo de competencias digitales DigiComp, de: <https://epale.ec.europa.eu/es/content/marco-europeo-de-competencias-digitales-digcomp>.

  Artículo que proporciona la descripción detallada de todas las habilidades necesarias para ser competente en entornos digitales y las describe en términos de conocimientos, habilidades y actitudes, y aporta los niveles dentro de cada competencia.

- Porfolio electrónico: desarrollo de competencias profesionales en la red. Barberá 2005, de:
  <https://dialnet.unirioja.es>.

  El artículo expone el sentido y las características de un porfolio electrónico aplicado en la enseñanza en línea.

Legislación y normativa

- Ley Orgánica de Ordenación e Integración de la Formación Profesional, de 23 de marzo de 2022.

  Ley que pone en el centro de la acción política a la persona y su necesidad de cualificarse y mantenerse actualizada a lo largo de toda su vida.

- Decreto Ley 32/2021 de 28 de diciembre de medidas urgentes para la reforma laboral, la garantía de la estabilidad en el empleo y la transformación del mercado de trabajo.

  El gran es el de completar la transición de nuestras relaciones laborales hacia un modelo más justo y garantista.

Glosario

Aprendizaje basado en problemas
Implementación de un conjunto de tareas basadas en la resolución de problemas o retos que, por medio de la investigación o creación del alumnado, tratará de darles respuesta. El alumnado trabajará de forma relativamente autónoma, ya que será guiado en todo el proceso por el personal docente, asimismo, el alumnado desarrollará un alto nivel de implicación con el objetivo planteado en el proyecto, además de responsabilidad de cooperación.

Aprendizaje personalizado
Metodología para el aprendizaje activo que se basa en ajustar el aprendizaje al alumnado teniendo en cuenta las fortalezas, necesidades, habilidades e intereses de cada uno.

Blended learning
Combinación de la enseñanza a distancia con la enseñanza presencial.

Brainstorming
Lluvia de ideas

Calendarizar
Organizar y asignar las publicaciones que se van a realizar durante un tiempo determinado (un mes, una semana, 15 días, etc.) en un calendario en el que se detallen los aspectos básicos sobre las mismas.

Centralización
Característica de los LMS que permiten la centralización y automatización de la gestión del proceso de enseñanza aprendizaje.

Competencia profesional
Conjunto completo de conocimientos, destrezas, actitudes y capacidades que posee una persona en el ámbito laboral, personal y académico.

Competencias laborales

Aquellas construcciones sociales de aprendizajes que son realmente significativos y útiles para el desempeño en una situación de trabajo real. Estas competencias no solo se obtienen a través de los procesos de enseñanza aprendizaje, sino también mediante el aprendizaje en experiencias concretas de trabajo.

Contenidos

Conjunto de conocimientos, habilidades, destrezas o actitudes que contribuyen al logro de los objetivos de cada enseñanza y a la adquisición de competencias. Los contenidos podrán ser: conceptuales, procedimentales o actitudinales.

Cualificación profesional

Conjunto significativo de unidades de competencias con significación para el empleo.

Curación de contenidos

Pueden ser educativos o didácticos y consiste en el proceso de búsqueda, filtrado, selección y desarrollo de los contenidos de las acciones formativas.

Escalabilidad

Característica de las plataformas educativas por la que estas pueden adaptarse tanto a pequeños grupos de usuarios, como a grupos muy grandes.

Estandarización

Característica de las plataformas educativas por las que estas posibilitan que se compartan recursos y se transfieran de unas acciones formativas a otras, posibilitando la creación de contenidos reusables.

Flexibilidad

Las plataformas LMS se adaptan a diferentes metodologías educativas, como a estilos pedagógicos, además de permitir la organización de las acciones formativas con agilidad y rapidez.

Funcionalidad

Característica de las plataformas educativas por las que contienen funcionalidades y adaptaciones para las necesidades de los usuarios.

Gamificación

Una estrategia o metodología educativa que permite integrar y vincular al alumnado en su proceso de aprendizaje a través de la creación de espacios lúdicos.

Integración

Característica de las plataformas educativas por las que permiten la integración de otras aplicaciones, como por ejemplo de recursos humanos o de contabilidad, por lo que permiten obtener datos de impacto, eficacia y costo de las acciones formativas.

Interactividad

Pone al alumnado en el centro del proceso educativo, haciéndolo partícipe de su proceso de aprendizaje.

Metodologías activas

Se fundamentan en poner al estudiante en el centro del proceso educativo, el alumnado se convierte en el actor principal de su propio proceso de aprendizaje, obteniendo cada vez más independencia.

MOOC (*Massive Online Open Courses*)

Son diferentes formatos de clases o lecciones impartidas a través de EVA que habilitan el proceso de enseñanza aprendizaje a miles de usuarios.

Newsletter

Es un folleto digital que se envía por correcto electrónico a la base de datos de clientes que posea la empresa, con el fin de informar a los usuarios de ofertas, novedades, artículos de interés, etc., y que se hace con una cierta periodicidad (semanal, mensual, trimestral, etc.).

Plan de comunicación

Estrategia diseñada y planificada de manera consciente para relacionarse tanto de forma interna, como de forma externa al centro.

Porfolio

Conjunto de documentos que se constituyen en evidencias de los conocimientos, habilidades y competencias.

Realidad aumentada

Recurso tecnológico que ofrece experiencias interactivas al usuario a partir de la combinación entre la dimensión virtual y la física mediante el uso de tecnologías digitales, a través de dispositivos como webcams, tabletas, teléfonos móviles, etc.

Realidad virtual

Entorno de escenas y objetos de apariencia real que se genera mediante tecnología informática y crea al usuario la sensación de estar inmerso en él.

Repositorios

Sistemas de información que sirven para preservar y organizar materiales científicos y académicos, se usan tanto para apoyar la investigación y el aprendizaje, como para garantizar el acceso a la información.

Rúbrica

Cuadro de doble entrada en el que aparecen descritos los diferentes niveles de ejecución en los distintos niveles de desempeño.

SCORM *(Shareable Content Object Reference Model)*

Conjunto de estándares y especificaciones que permiten crear objetos pedagógicos estructurados, cuyos objetivos fundamentales son facilitar la portabilidad de contenido de aprendizaje, poder compartirlo y reusarlo.

Simulador

Programa digital que trata de representar posibles situaciones de la vida real, poniendo a disposición de la persona usuaria las funcionalidades de un producto o técnica para probarlo por sí mismo.

Unidad de competencia

Conjunto de realizaciones profesionales que establecen aquellas habilidades y actitudes que son esperados de una persona en relación con su puesto de trabajo y que deben ser observables y medibles y, por lo tanto, evaluables.

Videotutoriales

Vídeos didácticos que incluyen una guía paso a paso sobre cómo realizar una tarea específica, aprender una habilidad o entender un concepto.